技術知識と工程から導き出す

住宅リフォーム見積り作成の手引き

永元 博 著

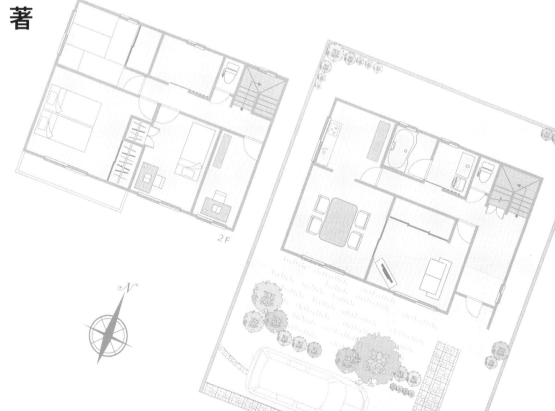

刊行にあたって

　本書は、木造住宅のリフォーム工事の見積書の作成を主題とし、それに関わる基礎的な技術知識の解説を行っています。

　ひと口にリフォーム工事といっても、多種多様な工事があります。内装クロスの貼り替えもリフォーム工事なら、間取りの変更が伴う大規模なリフォーム工事もあります。大規模なリフォーム工事の中には、耐震改修工事や断熱改修工事が含まれ、それに対応できる技術対応能力が必要になります。そして、これらは全て施主に提出する見積書に反映されます。従って、リフォーム工事の積算を担う者は、積算や数量拾いだけでなく、リフォームの設計や製品、工事順序やトラブルの発生要因など全方位的なリフォーム工事の知識を有する事が求められます。

　新築工事は、自社の定型的な設計・工事内容が決められていることが多いでしょう。見積りも定型的な工事項目・数量算出基準・工事単価が決められていることと思います。これらの積算基準に則って作業をすれば間違いない見積書が完成します。一方で、リフォーム工事を定型化して捉えることは難しいと考えています。住宅は、建てられた年代で構造方式や仕様が異なります。劣化状況や施主のリフォームのご要望等も異なります。リフォーム工事では、これらのひとつひとつに丁寧に対応していかなければなりません。当然、見積りもこれに準じた対応をとることになります。

　本書では、三つの見積書の体系と二つの積算基準を設定し、リフォーム工事の種別や内容によって、これらを適宜、組み合わせていく方法を紹介します。その方が、種々雑多なリフォーム工事の実態的な工事金額に追従しやすいと考えたからです。

　さらに、リフォーム工事の見積りを担う者は、リフォーム工事の工程・各工程の作業順序・所要工数や納まり、商品知識等の習得が必須だと考え、本書ではリフォーム工事の見積書の解説にとどまらず、関連した幅広い内容を扱うことにしました。

　購読者の皆様方がリフォーム工事の見積りを行う際に、本書が少しでもお役に立つ事が出来れば幸甚に思います。

著者

目 次

序章 住宅リフォームの市場に関して ……… 7
―住宅ストック活用型市場のなかで、工務店が担うものとは―

第1章 リフォーム工事の見積り・積算方法 ……… 11
―お客様に「わかりやすく」、事業者には「つくりやすい」見積書のルール―
- 1-1 見積書作成のポイント ……… 12
- 1-2 リフォーム工事の見積り ……… 30

第2章 メンテナンス工事の見積書作成のポイント ……… 39
―建物の価値を維持するメンテナンスがリフォームの基本―
- 2-1 メンテナンス工事とは ……… 40
- 2-2 再防蟻工事 ……… 44
- 2-3 足場工事 ……… 48
- 2-4 屋根再塗装工事 ……… 51
- 2-5 外壁再塗装工事 ……… 55
- 2-6 バルコニーの再防水工事 ……… 60

第3章 部分リフォーム工事の見積書作成のポイント ……… 65
―部分リフォームの見積りは工程管理がカギ―
- 3-1 部分リフォーム工事とは ……… 66
- 3-2 養生に関して ……… 67
- 3-3 木製フローリングの張り替え ……… 69

- 3-4　壁・天井クロスの貼り替え　72
- 3-5　内部建具の交換　74
- 3-6　キッチンセットの交換　76
- 3-7　在来浴室からシステムバスへの交換　79
- 3-8　洗面化粧台の交換　82
- 3-9　便器の交換　83
- 3-10　屋根の葺き替え　84
- 3-11　窯業系サイディングからガルバリウム鋼板の外壁材への交換　88

第4章　性能向上リフォーム工事の見積書作成のポイント　91

―知っておきたい！快適な暮らしに欠かせない性能向上リフォームの知識と事例―

- 4-1　省エネ改修工事　92
- 4-2　バリアフリー工事　106
- 4-3　耐震改修工事　110

第5章　全面リフォーム工事の見積り事例　117

―全面リフォームの事例で見積書作成のポイントをまとめて解説―

- 5-1　リフォーム計画の内容　118
- 5-2　見積書の作成　121
- 5-3　見積書の内訳　135
- 5-4　その他の見積書の体系　142

第6章 長寿命化リフォーム工事の事例紹介 155
―長期優良住宅化リフォーム推進事業の採択事例―

 6-1 長期優良住宅化リフォーム推進事業とは 156
 6-2 見積り事例 157

資料提供 168

序章
住宅リフォームの市場に関して

　本書は、木造住宅のリフォーム工事の見積りに関しての解説書ですが、本論に入る前に住宅リフォーム工事やその市場の流れや動きに関して簡潔に触れたいと思います。

一口にリフォーム工事といっても、床・壁・天井などの内装を替えるちょっとした「リフレッシュ工事」から、建物の維持に関わる「メンテナンス工事」、耐震補強や省エネ改修、バリアフリー工事などを含む「性能向上リフォーム」、間取りの変更を伴う大規模な「リノベーション工事」、さらに用途変更を伴う「コンバージョン」までを含むのですから、間口が広く、奥行も深い、広大な市場（図1）と言えます。実態的な市場規模がつかめないというのが正直な所ですが、各種統計調査では7兆円程度という推定があります（図2）。

　リフォーム市場に大きく関連する動きとして、2012年に国土交通省から「中古住宅・リフォームトータルプラン」が発表されました（図3）。これは、今後、新築住宅が漸減して行く中でストック型の住宅市場への転換をはかり、リフォームをわが国の経済を牽引する産業に育てていこうという政策です。中古住宅の流通を絡めながらリフォーム市場を活性化させ、2020年までにリフォームと中古住宅流通の市場規模をあわせて20兆円に倍増（2010年比）させようという目標が掲げられていました。直近では2016年に見直された住生活基本計画において、リフォーム市場7兆円、中古住宅流通市場4兆円（計11兆円、2013年計測値）を2025年までにそれぞれを12兆円と8兆円（計20兆円）とする目標が掲げられています。

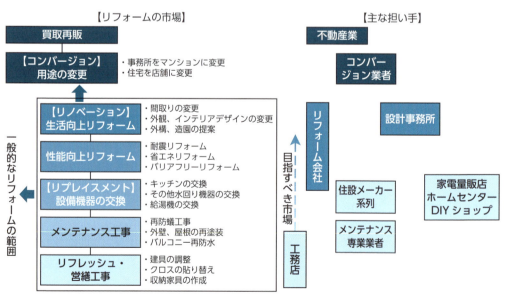

▶図1　幅広いリフォームの範囲

注)①「広義のリフォーム市場規模」とは、住宅着工統計上「新設住宅」に計上される増築・改築工事と、エアコンや家具等のリフォームに関連する耐久消費財、インテリア商品等の購入費を含めた金額を言う。
②推計した市場規模には、分譲マンションの大規模修繕等、共用部分のリフォーム、賃貸住宅所有者による賃貸住宅のリフォーム、外構等のエクステリア工事は含まれていない。
③本市場規模は、「建築着工統計年報」(国土交通省)、「家計調査年報」(総務省)、「全国人口・世帯数・人口動態表」(総務省)等により、公益財団法人 住宅リフォーム・紛争処理支援センターが推計したものである。

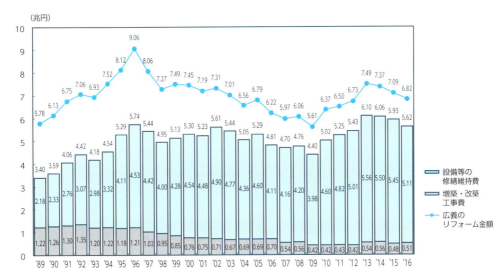

▶図2　住宅リフォームの市場規模　(公財)住宅リフォーム・紛争処理支援センター

目指すべき住宅市場の姿	新築中心の住宅市場からストック型の住宅市場に転換する ↓ 2020(平成32)年までに 中古住宅流通・リフォーム市場の規模を倍増(20兆円)
意義	● 住み替えによるライフサイクルに応じた住まいの確保 ● 適切な維持管理とリフォームによる住宅の質の向上 ● 断熱改修等の促進による住宅ストックの省エネルギー化
取り組み	● 既存住宅ストックの質の向上や流通の促進 ● 多様なニーズに対応した魅力ある中古住宅・リフォームを提供可能な担い手の育成・強化 ● インスペクションの普及促進

▶図3　中古住宅・リフォームトータルプラン

このようなストック重視型市場への転換や、設定された目標達成のためにさまざまな施策が講じられています。具体的には住宅エコポイントや省エネ住宅ポイント、さらには長期優良住宅化リフォーム推進事業などの補助事業と、耐震・省エネ・バリアフリー工事の工事費に応じた所得税、固定資産税の軽減、住宅ローン減税などの減税制度です。また、既存住宅の耐久性の評価(劣化度、雨漏りの状態)と性能を把握するための検査(インス

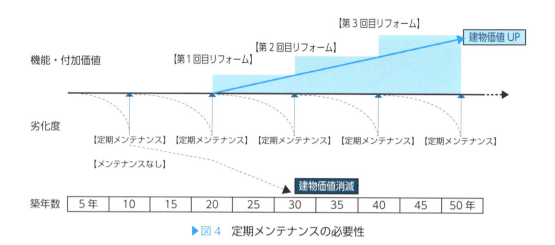

▶図4　定期メンテナンスの必要性

ペクション）が適切に行われるための「既存住宅インスペクションガイドライン」が2013年6月に策定され、2017年2月にはインスペクションの資格制度にあたる「既存住宅状況調査技術者講習制度」が確立されました。さらに、適切なインスペクションの結果に基づいた改修工事によって建物価値が向上すれば、それを資産価値として認める制度の確立を目指して、議論が行われており、徐々に具体化してきています。

　こういった流れの中で建物価値を高める「性能向上リフォーム」や「リノベーション工事」が注目されていますが、これらが発生するためのベースとして、まずは建物価値を維持するための「定期メンテナンス工事」がしっかりと行われていることが重要であり、ないがしろにする訳にはいきません（図4）。

　国の施策によって拡大が見込まれるリフォーム市場には、外壁・屋根の再塗装を行う「メンテナンス工事」、設備の取り換え工事を中心とした「リプレイスメント工事」等を足掛かりとして、近年さまざまな業種からの参入が見られます。住宅リフォームは、新築工事に比べて簡単に取組めて、事業資金が少なくて済み、参入障壁が低いと思われているのかもしれません。しかしながら、耐震・断熱改修工事をはじめとした性能向上リフォーム工事等には、新築工事と同等か、それを上回る高度な技術力が必要です。工務店としては、定期的なメンテナンス工事を通じてお客様とのつながりを強固にし、建物の価値向上の要望に対応する性能向上リフォームやリノベーション工事への対応力を付けていくことが、他の業種からの参入者との大きな差別化を図るための戦略となります。

第 1 章
リフォーム工事の見積り・積算方法

　住宅やリフォーム工事を手掛けている工務店のお手伝いをさせていただく中で気が付いたことは、典型的な見積り体系や数量拾いの基準が存在しないということです。積算や見積りをする際には、工事項目の設定の仕方や数量の拾い方に一定のルールを設けないと、同じ工事でも全く違う見積書になってしまいます。本章ではリフォーム工事において「つくりやすく・わかりやすい」見積書をつくるためのルールを考えていきたいと思います。

1-1　見積書作成のポイント

　見積書の原則は、施主・工務店・工事業者のそれぞれがわかりやすいものであるということです。そのためには見積りの体系をわかりやすく明確に定義し、数量の算出（拾い）を単純化させることが重要です。ここからは新築・リフォームに拘わらず、見積りをする上で知っておきたい項目について解説していきます。

(1) 原価の構成要素

　「原価の構成要素」というと何か難しそうですが、実際は単純なことで、構成要素は、「材料費」「労務費」「粗利益」の3要素しかありません。多くの元請け工務店やリフォーム業者は基礎工事や左官工事などを下請け業者に一括して「材工工事」として発注しているので、少し違うのではないかと思われる方もいるかもしれません。しかし、これとて基礎工事業者や左官工事業者は、必要な資材を調達し、必要な労務を確保し、最後に自分達の会社を維持していくための経費と生活していくための費用をひねり出していくのですから、結局、この3要素に帰結することになります（図1）。この3要素を見極めることが見積書作成の最重要課題です。

①原価3要素

　原価3要素を見極めるということは、価格の構成を読むということです。価格の構成を読むとは、例えば、鉄筋等の材料費が基礎工事費に占める割合、左官工事の中での労務費の割合などを数値的な根拠をもって掌握することです。すなわち、妥当な金額はいくらなのかを判断する根拠を持っているということです。鉄筋の価格が高騰すると、基礎工事費が何割も上がってしまうのではないかと大騒ぎしますが、実際は工事費にはせいぜい数％から10％程度しか影響しません。そのことを正しく理解していれば冷静に下請け業者からの価格交渉にも対処できるはずです。

　リフォーム工事の積算では、この原価3要素を踏まえることが新築工事よりもさらに色濃くなります。内装工事の壁クロス・天井クロス貼り工事の場合、例えば新築工事で壁面積・天井面積1㎡当たりの発注単価を1,000円とした場合、一棟当たりの壁・天井面積の合計が450㎡とすると、総額で45万円となります。下請けの工事業者はこの45万円を元手に材料や職人を手配し、会社の経費や利益もここから確保していきます。一方、リ

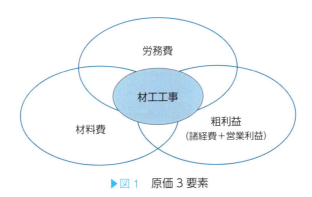

▶図1　原価3要素

フォーム工事で1部屋50m^{2}の壁・天井クロスの貼り替えを行った場合、新築と同じ面積当たりの単価を準用するとわずか5万円程度となり、職人に払う手間賃も出ません。また、既存クロスの撤去も必要ですし、下地の状況により掛かる手間も大幅に違ってきます。つまり、新築工事と同じ土俵で考える事は出来ませんし、リフォーム工事でも建物の状況によって掛かる手間が異なってきます。

また、新築の大工工事では、床面積当たり単価（坪単価）を設定して発注金額を決める事が一般的ですが、リフォーム工事では工事内容や建物の状況等で大工の作業内容、工数が異なります。例えば、耐震補強まで含めた全面改修工事と、一部の間仕切り壁を設置する工事を一律的な坪単価で決めることは出来ません。その都度、実際に掛かる工数を想定して積算する必要があります。

詳しくは35頁から説明しますが、リフォーム工事では、原価3要素に従って工事項目に関わる想定人工と材料の数量を計上し、それぞれの単価を乗じて金額を算出した上で、下請け業者の必要経費を加算して発注金額を決めることが必要になる場合があります。

②諸経費とは何か

施主から諸経費とは何かという質問を受けることも多いと思いますが、簡単に言うと、諸経費とは会社を運営させるため、事業を継続させるために必要な費用のことです。ゼネコンが手掛けるマンションやオフィスビルなどの大規模な建築工事においては、諸経費は、現場管理費と一般管理費に仕分けされます。現場管理費とは、工事施工に当たり工事現場を運営するための費用で、工事現場単位で発生します。一般管理費とは、会社全般の運営に関わる管理費です。従業員の給与や本店の経費がこれに当たります。

木造住宅工事においては現場管理費と一般管理費の境界線が曖昧であり、両方を併せて諸経費として計上するのが一般的です。定期点検に関わる費用も、それぞれの邸名の個別

▶表1　木造住宅の諸経費

科目		内容
雇用に関わる経費	役員報酬	取締役、監査役の報酬
	従業員給料手当	従業員の給与・諸手当・賞与
	退職金	従業員に対する退職金 （退職給付引当金繰入額および退職年金掛金を含む）
	法定福利費	労災保険・雇用保険・健康保険・厚生年金
	福利厚生費	従業員に対する慰安、娯楽、厚生、貸与被服、健康診断、医療、慶弔見舞等に要する費用
業務に伴い発生する経費	事務用品費	事務用消耗品費
	通信交通費	通信費、交通費
	光熱費	電気、水道、ガス等の費用
	調査研究費	技術研究、開発費
	広告宣伝費	広告、宣伝に要する費用
	交際費	得意先、来客の接待、慶弔見舞に要する費用
	地代・家賃	事務所、社宅等の借地借家料
	原価償却費	建物、車両、機械装置の原価償却費
	租税公課	不動産取得税、固定資産税等
	保険料	火災保険、損害保険料
	その他	保証費、会議費、雑費等

　原価ではなく、本社経費の一部として諸経費の各科目に配賦することが一般的です。表1に木造住宅の諸経費の事例を挙げました。「雇用に関わる経費」と「業務に伴い発生する経費」に大別されます。

　「雇用に関わる経費」として代表的なのは「従業員給料手当」ですが、無視できないのは「法定福利費」です。個人事業の場合は国民健康保険・国民年金の場合が多いと思いますが、法人とした場合、社会保険（健康保険・厚生年金）となり、経費増となります。また、雇用保険は個人事業でも従業員を雇い入れた場合、一定の労働時間を超えると加入しなければなりませんので、その分の経費も見込む必要があります。

　「業務に伴い発生する経費」は、会社を「維持していくための経費」（事務用品費、通信交通費、光熱費、地代・家賃等）と「受注確保するための経費」（調査研究費、広告宣伝費等）で構成されます。「維持していくための経費」は多分に固定費的な意味合いがありますが、「受注確保するための経費」は変動費的な要素が強く、会社の業績によって増減されやすい部分です。この「受注確保するための経費」をいかにひねり出すかが会社経営のポイントで、そのためには粗利益がどれ位必要なのかを見極めることが重要です。

1-1　見積書作成のポイント

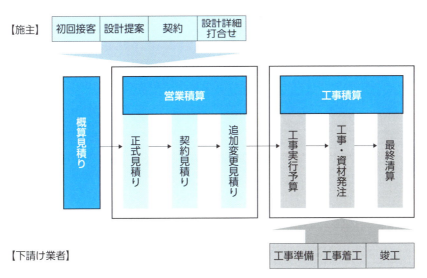

▶図2　業務の流れと見積り・積算の種類

(2) 見積書の種類

　見積書は、施主に概略の工事予算の目途を掌握して頂くためのもの、設計内容に従った詳細な内容のもので施主との請負契約等に用いるもの、工事実行予算を策定し工事発注に使用するものに大別されます。業務の流れの中で、それぞれの段階で求められる見積りの目的・内容・方法は、次の3つに大別されます（図2）。

①概算見積り

　営業初期の段階で、施主の予算を見極めることが目的のものです。一般的には、施主の要望をもとにしてプランや必要な図面を作成し、あらかじめ設定してある標準的な仕様による床面積当たりの単価等を基にして、おおまかに掛かる工事費を算出することが多いと思います。

②営業積算

　「営業積算」とは、施主と契約するための見積りです。概算見積りで概要的な計画と予算のめどを付けた後に、現況調査や必要な行政上の手続きの有無を確認した上でプランや図面を作成し、正式な見積書を施主に提出して請負契約を締結します。請負契約締結後に、間取りや仕様の詳細な打合せを何回か行い内容を確定していくこととなりますが、この打合せに沿って、適宜、追加・変更見積書を作成し施主からの承認を得て、常に全体予算の管理をしていくことになります。以上のプロセスの途中に「設計契約」を絡めて、最

終的な成約率を高めている元請け工務店もあります。

　本書でいう「見積り」はこの「営業積算」のことを指しています。施主に提出する見積りが、施主にとってわかりやすいものであり、それをいかに簡単に作成するのかがこの本で最も考えていきたいところです。

③工事積算

　「工事積算」は工事業者、資材納入業者へ発注するためのもので、実際に工事を行うための見積りです。原価積算と呼ぶ場合もあります。営業積算の積算項目を工事業者・資材納入業者ごとに仕分け・集約し、発注単価に置き換え、それぞれの発注業者別に積算したものです。ここで算出した金額を予定発注金額として工事実行予算を策定し、それに従って工事発注を行うことが基本的な流れです。資材に関しては、資材納入業者と資材の価格の取り決めが行われていて、数量が単純に拾えるもの（外部建具・内部建具やキッチンセット等の住宅設備機器など）は、ここで算出した金額と資材納入業者からの見積金額に違いは無いはずです。一方、この段階では詳細な数量拾いができず、資材納入業者が数量を拾い出す必要がある資材（構造材や羽柄材等）は、資材納入業者が作成する見積書が提出された後に正式な発注数量、金額を確定することになります。

(3) 見積りの体系

　木造住宅の見積りでは、決まった体系や書式は確立されていません。多くの工務店やリフォーム会社でコストダウンや原価管理のコンサルティングをしてきましたが、それぞれが個性的な見積りを作成していて、最初の作業は各工務店の見積りの体系・構成・内容を理解することでした。

　新築住宅の見積り体系としては「工種別見積り」が一般的に採用されています。リフォーム工事では、「工種別見積り」の他に「部位別見積り」も使われることがあります。また、一部のリフォーム会社では、「一式表示見積り」を採用しています。

　本書では、施主のリフォーム工事の予算管理をわかり易くすることを目的に掲げ、「部位別見積り」から派生させた「室別見積り」をこれらに併せて提唱します。

　それぞれの見積り体系の特徴を表2にまとめました。

①工種別見積り

　新築住宅では一般的な見積りです。全面改装等の大規模なリフォーム工事でも有用な形式です。工事区分を概ね工事の順番に従って並べたもので、「工種工程別見積り」とも称

▶表2　見積り体系の種類

見積体系	内容	長所	短所	留意点
工種別	・工種工程別に内訳を作成 ・一般的な方法	・受注と発注が連動 ・請負側の管理がしやすい ・明細の提示が出来る	・施主がわかりにくい ・設計変更した場合、関連がわかりにくい	・施主にわかりやすい用語で作成する ・各工事ごとの関連を解説する
部位別	・建物の各部屋（屋根、外壁、床、壁、天井等）で構成 ・内装仕上げは各室ごとに表示	・施主が理解しやすい ・仕様変更の予算管理がしやすい	・発注と連動していない	・見積書の粗利益管理が必要
室別	・各室ごとに構造、仕上げ、設備を集約して構成 ・各室は工種別で構成	・拾い落としが防げる ・リフォームする室の優先順位がつけやすい	・間仕切壁や内部建具などの二つの室にまたがる工事の計上ミスの恐れがある ・見積項目が多くなる	・二つの室にまたがる工事は優先順位の高い室、必然性の高い室で計上する
一式表示	・基本工事を一式表示 ・オプション項目を加減算 ・定価制見積りも含まれる	・施主の総額予算の管理がやりやすい	・含まれている工事の内容があいまいになりやすい ・発注と連動していないと粗利益率がぶれる ・発注と連動させると施工業者の利益を圧縮させることあり	・一式の内容に含まれている工事とオプション工事を明確にする ・過去の工事原価の統計処理による金額のメンテナンスを行う

されます（表3）。最も基本となる見積りの方法で、「部位別見積り」や本書で提唱する「室別見積り」のベースでもあります。

　ほとんど工事発注先ごとに集約した区分になっています。工事実行予算書と連動しますので、工事予算の管理には適しています。一方、施主には難解な工事項目の構成となっています。例えば、キッチンセットを交換する場合、工事内容が解体工事、木工事、内装工事、住宅設備機器、給排水設備工事、電気設備工事、ガス設備工事等の多岐にわたる工事区分に拡散されます。さらに、設計変更を行った場合、これら複数にまたがった工事区分の変更となり、施主はこれらの工事区分の変更に追従出来ない事があります。

　尚、新築工事の場合、既存住宅の解体工事は別途工事となりますが、リフォーム工事の場合は、一つの工事の工程の中で必然的に発生する部分的で不可分な工事ですので、建築本体工事の工事区分の一つとしました。

②部位別見積り

　床・壁・天井の内装仕上げ工事を室別に展開して、その他の工事を部位別にまとめた見積りです。「部別見積り」と言うこともあります（表4）。

1-1 見積書作成のポイント

▶表3　リフォーム工事の工種別見積書の例

区分		主な項目
建築工事	解体工事	部分解体（新築工事では付帯工事とする）
	仮設工事	水盛遣り方、外部足場、養生費
	基礎工事	布基礎、ベタ基礎工事
	防蟻工事	シロアリ予防、防除工事
	木工事	構造材、造作材、大工工事
	断熱工事	床下、壁、小屋・屋根断熱工事
	屋根・鈑金工事	屋根葺き、樋工事
	防水工事	バルコニー防水工事
	石・タイル工事	ポーチタイル貼り工事
	左官工事	外壁モルタル、漆喰塗工事
	外部建具工事	玄関ドア、アルミサッシ
	内部建具工事	内部木製ドア、障子・襖
	塗装工事	外壁吹付け、内部塗装工事
	外装工事	サイディング工事
	内装工事	壁・天井クロス、クッションフロア貼り工事
	住宅設備機器工事	キッチン、システムバス、その他の住宅設備機器
	雑工事	他の工事に含まれない資材・工事
設備工事	屋内給排水設備工事	給排水配管工事
	給湯設備工事	ガス給湯器、電気式給湯器
	電気設備工事	配線、弱電、換気工事
	ガス設備工事	ガス配管工事

▶表4　リフォーム工事の部位別見積書の例

部位別見積り区分		主な項目
解体工事		部分解体（新築工事では付帯工事とする）
仮設工事		水盛遣り方、外部足場、養生費
基礎工事		布基礎、ベタ基礎工事
防蟻工事		シロアリ予防、防除工事
躯体・木工事		構造材、大工工事
外部仕上げ工事		屋根葺き、サイディング工事
建具工事		玄関ドア、アルミサッシ、内部木製ドア、障子・襖
内部仕上げ工事	A室〜X室	壁・天井クロス、クッションフロア貼り工事、内部塗装工事
その他工事		他の工事に含まれない資材・工事
設備工事		住宅設備機器、給排水配管工事、ガス給湯器、電気式給湯器、配線、弱電、換気工事、ガス配管工事

▶表5　リフォーム工事の室別見積書の例

室別見積り区分		主な項目
躯体工事		基礎工事、構造躯体に関わる工事、防蟻工事
外部仕上げ工事		屋根葺き、サイディング工事
室別工事	A室〜X室	室別の解体、養生、間仕切り、外部建具、内部建具、床・壁・天井等の内装仕上げ、住宅設備機器、給排水設備、電気設備
	共通	リフォーム対象外の室の床養生等、各室共通する工事

　間取りがほぼ決定していて、室別に内装仕上げ材を選択するリフォーム工事では、この体系で見積りを作ることで施主の予算管理が容易になります。施主が一室にどのくらいの費用がかかるかイメージしやすいのと、仕上げ材の変更要望があった場合にも変更が容易にできます。工事実行予算の策定に当たっては、内装工事等の一部の工事区分を工種別に組み換える必要がありますが、組み換えの負荷はそれほど大きくはありません。間取りの変更を伴わない中規模のリフォーム工事では取り扱い易い見積りの体系だと思います。

③室別見積り

　「部位別見積り」の思考をさらに推し進めて、発生する工事を可能な限り室別に集約させた見積りです。それぞれの室ごとに、関わる工事を、工種別に計上（解体工事、木工事から住宅設備機器、設備工事まで関係する工種の全てを網羅する）します（表5）。

　その時に考慮しなければならない事は、2室にまたがる工事、例えば間仕切り壁の木工事や、内部建具工事の扱いです。それぞれ関連した2つの室で半分ずつ計上することも考えられますが、本書では、当該のリフォーム工事の主目的となる室側で計上することにしました。例えば、リビングを広くするための間仕切り壁の移動は、リビングで計上して、付室では計上しません。付室の見積り明細区分では、「リビングで計上」のコメントを付記しておきます。その方が、施主が主目的となるリフォーム工事の予算管理が容易となると考えたからです。工事実行予算の策定に当たっては、それぞれの室に分散している工事項目を工種別見積りの体系に従って集約する手間が必要となります。

④一式表示見積り

　一式表示の見積りは、施主に対して工事費用を明快に示すことが出来ます。代表的な方式は、坪単価見積り方式です。この方式は、受注するためと割り切り、発注金額はこれとは別物として詳細な原価計算を行う場合と、連動した坪単価発注とする場合があります。いずれにしろ、施主に提示する坪単価の設定に当たり1年程度の定期間の発注金額の実績

を統計処理して、適切な坪単価を設定する必要があります。定期的な金額の見直しも不可欠です。継続的な運用にはそれなりの手間を要することの覚悟が必要です。

定額の中に含まれている工事内容と仕様、オプションとなる工事内容と仕様を明確にする必要があり、これらの事が曖昧だと、トラブルを引き起こすことになります。

(4) 数量拾いの基本原則

積算とは「算出した数値を積み上げる」ことです。建築工事においては、設計図面や仕様書および工事現場の状況をもとに工事項目を羅列し、必要数量を拾い出し、それぞれの単価を掛け合わせた数値を積み上げるという行為になります。その積算結果に諸経費などを加えた成果物として見積書が出来上がります。

数量を拾い出し、単価を掛け合わせるための原理原則として、元となる単位や数量の拾い方についてそのルールを確認していきます。

①数量と単価の単位

積算は仮説の条件で設定した数量と単価の積上げです。例えば、内壁クロス貼り工事は、図面から該当する内装仕上げの施工面積を算出し、$1m^2$ 当たりの材工共単価を乗じて金額を算出していることが多いと思います。実際には、内装工事業者は壁装材をロール単位で仕入れ、職人には日当たりで賃金を支払っているのですから、積算で求めた数量・単価と実際に発生するものとは不整合となります。さらに、実際の施工現場で発生する工事費は、現場ごとの設計内容・規模・立地条件・職人の技量・段取り等によって大幅に変動します。大工工事においても延床面積当たり単価（円/坪、円/m^2 等）を積算単位としますが、それぞれの施工現場の条件により、実際に掛かる工事費は異なることとなります。そして、これら実際に発生した原価は、工事が完了した後でなければ掌握できないので、受注前に施主に提出する見積書のよりどころにすることは不可能です。

従って、施工現場ごとの諸条件の違いを包括した標準的（多分に平均値的）な積算単価（図3）を類推して設定することとなります。数量に関しても実際に施工現場で発生する数量ではなく、誰でも簡便に設計図から拾える数量を採用します。

②設計数量とし、割増はしない

設計数量とは、設計図書の寸法を基にして算出した数量です。その他の数量算出方法としては、工事で実際に発生する数量（施工数量）、設計数量を基にある程度のロスを見込んで算出する数量（所要数量）等もありますが、木造住宅の積算では設計数量とすること

1-1　見積書作成のポイント

▶図3　積算単位のレベル

▶表6　3つの数量算出方法

設計数量	設計図書の寸法を基に算出	誰が拾っても同じ数量
施工数量	工事で実際に発生する数量	工事ごとに数量が異なる
所要数量	ロスを見込んだ数量	ロスの考え方が不定

が基本です（表6）。理由は、設計数量は設計図書から数量を単純に拾い出すので、誰が拾っても同じ数量となるのに対し、施工数量は建築現場や積算担当者によって数量の見方が異なる場合があり、最終的にはそれぞれの工事が完了しないと数量が確定できないからです。ロスをどれ位見込むのかも同様の理由から木造住宅の積算で採用するのは不適切です。また、施主側から見ても施工数量や所要数量は明示されないため理解がしにくく、数量のごまかしを疑われる場合や説明に時間がとられる場合もあります。

③壁の芯々寸法で算出する

　外壁面積や床・内壁・天井の仕上げ面積等は、壁の芯から芯までの寸法（芯々寸法）を拾って算出します（図4）。実際は外壁両端のコーナー部分は壁の厚さの半分程度、外壁寸法が延びています（外壁の外面寸法）。反対に内壁の両端部は壁の厚さの半分程度、内壁の長さが短くなりますが（内法寸法）、木造住宅では積算作業を単純化するために、壁の芯々寸法で数量を算出することが一般的です。

④単位数量当たりの金額が高い場合は、実寸法で算出する

　大理石等の単価が高い材料を使用する場合は、壁芯ではなく、実寸法で計算します。

⑤開口部の面積は建具の呼称寸法で差し引く

　外壁面積や内壁の仕上げ面積を算出するためには、外部建具や内部建具の開口部面積を

1-1　見積書作成のポイント

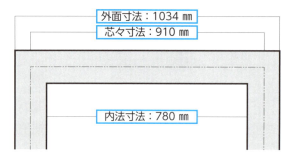

▶図4　芯々寸法の考え方

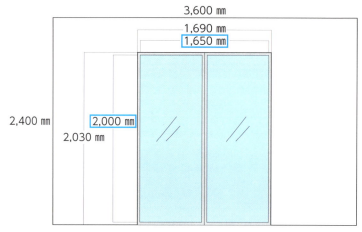

サッシの呼称寸法は16520＝幅1,650 mm×高2,000 mm
サッシの実寸法は幅1,690 mm×高2,030 mm（開口面積の算出には使わない）

【内壁面積の算出】
　内壁高さ×幅－開口面積（サッシの呼称寸法）
　2.4 m×3.6 m－(1.65 m×2.0 m)＝5.34 m²
　　　　　　　　　　　　　　（小数点以下第2位を四捨五入）
　　　　　　　　　　　　　＝5.3 m²

▶図5　開口面積の算出方法と小数点以下の数量の扱い

差し引く必要があります。この面積は建具の呼称寸法で計算します。例えば外部サッシの呼称寸法が16520の場合、1.65 m×2.0 m＝3.3 m²になります（図5）。

⑥積算数量は小数点以下第1位までとする

　積算数量の小数点以下を1桁にした場合と2桁にした場合、住宅1棟での金額差は、ほとんどの場合1万円未満、すなわち0.05％程度未満となります。小数の計算は手間が掛かり、積算の効率を鑑みると小数点以下第1位までの数量で十分だと考えます（図5）。

▶表7　施工床面積の対象部位

部位	内容	建築基準法の延床面積	施工床面積（本書の定義）
ポーチ	屋外部分	×	○
階段室	それぞれの階での算入	○	○
吹抜け	床がない部分	×	○
小屋裏収納	直下の階の床面積の1/2以下、最高高さ1.4mまでの場合	×	○
バルコニー	出幅2mまでの部分	×	○
出窓	床面から30cm以上、出幅50cm未満等	×	○

　計算の結果、小数点以下の数値が続くような場合は小数点以下第3位の数字を切り捨てて積算数量を求めます。例えば、1.44519…と数字が続く場合には、小数点以下第3位の数字を切り捨てて1.44とし、これを積算数量とするためには小数第2位を四捨五入した1.4とします。数量が0未満になる場合は有効2桁（0.0124の場合は0.012）を積算数量とします。

⑦施工床面積の考え方

　仮設工事の養生費、木工事の大工工事等は延床面積を積算数量とすることもあります。

　建築基準法で定められた延床面積の算出方法は、吹抜けや出幅が2m以下の部分のバルコニーが算出されない等、実際は工事が行われるのに対象とならない部分があり、それをそのまま積算数量とするのは不適切と考えられており、施工床面積という定義を行い対応している場合があります。

　ただし、実際には施工床面積に明確な定義があるわけではなく、それぞれのハウスメーカーや工務店が独自の定義を行っています。本書では、実際は工事の対象となるこれらの部分を考慮し、施工床面積の対象部位を表7のように定義しました。

⑧数量算出基準

　工種別見積書の体系に沿って積算数量の拾い基準の参考例を表8に掲載しました。基本的には新築工事の見積りの構成と拾い基準に準じます。大規模リフォーム工事では、新築工事と同じようにこの表に準じて数量を算出します。部位別、室別の見積書でも数量の算出の方法は基本的には工種別と同じで、編集の仕方が異なるだけですが、小規模なリフォーム工事の場合は必ずしもこの表の算出基準が適しているとは言えない場合があります。

1-1　見積書作成のポイント

▶表8　数量算出基準

A．建築工事

工事区分、項目		単位	材工区分	拾い基準	発注先(例)
1. 解体工事					
手こわし	間仕切壁、仕上材、幅木等	m²	工	該当施工床面積	大工(産業廃棄物処理業者)
同上処分	同上	m²	工	該当施工床面積	産業廃棄物処理業者
キッチン設備解体・撤去	流し台・レンジフード・吊戸棚共	式	工	一式	システムキッチン工事業者(産業廃棄物処理業者)
配管解体・撤去	給水・給湯・排水管撤去含む	式	工	一式	給排水設備業者
同上処分		式	工	一式	産業廃棄物処理業者
洗面化粧台解体・撤去	給水・給湯・排水管撤去含む	式	工	一式	給排水設備業者
同上処分		式	工	一式	産業廃棄物処理業者
洗濯防水パン解体・撤去	給水・給湯・排水管撤去含む	式	工	一式	給排水設備業者
同上処分		式	工	一式	産業廃棄物処理業者
システムバス解体・撤去		式	工	一式	システムバス工事業者(産業廃棄物処理業者)
配管解体・撤去	給水・給湯・排水管撤去含む	式	工	一式	給排水設備業者
同上処分		式	工	一式	産業廃棄物処理業者
便器解体・撤去	給水・給湯・排水管撤去含む	式	工	一式	給排水設備業者
同上処分		式	工	一式	産業廃棄物処理業者
電気通電止め		式	工	一式(それぞれの配管解体・撤去に含む場合あり)	電気設備業者
ガス配管止め		式	工	一式(それぞれの配管解体・撤去に含む場合あり)	ガス設備工事業者
2. 仮設工事					
水盛遣り方		m²	材工	該当建築面積	工務店
外部足場		m²	材工	足場架け面積(施工床面積の場合あり)	足場工事業者
メッシュシート		m²	材工	足場架け面積(施工床面積の場合あり)	足場工事業者
内部足場	脚立足場(単管足場)	m²	材工	架設床面積	工務店(足場工事業者)
吹抜け足場	脚立足場(単管足場)	m²	材工	吹抜け面積	工務店(足場工事業者)
屋根足場	5寸勾配以上の場合計上	m²	材工	屋根面積	足場工事業者
仮囲い		m	材工	実長さ	工務店
仮設電気		式	材工	一式	電気設備業者
仮設水道		式	材工	一式	給排水設備業者
仮設トイレ		式	材工	一式	給排水設備業者
養生費	床・壁養生	m²	材工	該当施工床面積	工務店
清掃・片付け費		m²	材工	該当施工床面積	工務店
クリーニング		m²	材工	該当施工床面積	クリーニング工事業者
発生材処分費	工事の進捗に伴って発生する廃棄材(梱包材、端材等)の処理費	m²(台)	材工	該当施工床面積(トラック台数)	産業廃棄物処理業者
家具移動		人日	材工	人日	工務店

1-1 見積書作成のポイント

工事区分、項目		単位	材工区分	拾い基準	発注先（例）
3. 基礎工事					
基礎補強	抱き基礎補強・炭素繊維基礎補強	m	材工	実長さ	基礎工事業者
新設基礎	布基礎 立上り	m	材工	実長さ	基礎工事業者
	土間コンクリート	m²	材工	該当施工床面積	基礎工事業者
	ベタ基礎 外周部	m	材工	実長さ	基礎工事業者
	内周部	m	材工	実長さ	基礎工事業者
	耐圧版	m²	材工	該当施工床面積	基礎工事業者
4. 防蟻工事					
再防蟻		m²	材工	1階床面積	防蟻工事業者
5. 木工事					
大工工事	構造・造作工事	人日 (m²)	工	人日（該当施工床面積）	大工
構造材・羽柄材・補足材	土台・床根太・柱・梁・筋交い・野縁等	本	材	実本数	木材納入業者
構造用面材	床下地材・外壁下地材・石膏ボード等	枚	材	実枚数	木材納入業者
外部造作材	鼻隠し・広小舞・軒天井材等	本（枚）	材	実本数（枚数）	木材納入業者
内部造作材	サッシ枠・建具枠・幅木・廻り縁・玄関框等	本	材	実本数	木材納入業者
木製フローリング		ケース (m²)	材	ケース数（該当床面積）	木材納入業者
和室造作材	敷居・鴨居・建具枠・雑巾摺・付柱・敷目天井等	本（セット）	材	実本数（セット数）	木材納入業者
6. 断熱工事					
床断熱	フェルト状・ボード系等	枚	材	実枚数	資材納入業者
外壁断熱	フェルト状・ボード系（吹込み系・現場発泡系）	枚 (m²)	材（材工）	実枚数（外壁面積）	資材納入業者（断熱材工事業者）
天井・屋根断熱	フェルト状・ボード系（現場発泡系）	枚 (m²)	材（材工）	実枚数（天井・屋根面積）	資材納入業者（断熱材工事業者）
基礎断熱	ボード系	枚	材	実枚数	資材納入業者
7. 屋根・鈑金工事					
下葺き	屋根防水紙	m²	材工	屋根面積	屋根葺き業者/鈑金工事業者
屋根葺き	化粧スレート葺き・瓦・金属系屋根葺き、屋根鈑金含む	m²	材工	屋根面積	屋根葺き業者/鈑金工事業者
軒樋	受け金物含む	m	材工	延長さ	屋根葺き業者/鈑金工事業者
たて樋	あんこう・呼樋・エルボ・でんでん含む	m	材工	延長さ	屋根葺き業者/鈑金工事業者
その他水切り	土台水切り・庇鈑金・出窓屋根鈑金等	m (m²)	材工	長さ（面積）	屋根葺き業者/鈑金工事業者
8. 防水工事					
バルコニー再防水 床部分	FRP防水・ウレタン系防水	m²	材工	バルコニー床面積	防水工事業者
立上り部分	同上	m	材工	バルコニー周長	防水工事業者
9. 石・タイル工事					
平物	玄関ポーチタイルの場合は、GL立下り-100を見込む	箱	材	箱数	タイル施工工事業者
役物	ノンスリップ等	箱	材	箱数	タイル施工工事業者
張り手間		人日	工	人日	タイル施工工事業者

第1章 ●リフォーム工事の見積り・積算方法

1-1　見積書作成のポイント

工事区分、項目		単位	材工区分	拾い基準	発注先（例）
10．左官工事					
外壁ラスモルタル	ラスモルタル等の下塗り・上塗り	m²	材工	外壁面積	左官工事業者
基礎刷毛引き		m²	材工	基礎幅木面積	左官工事業者
土間仕上げ		m²	材工	土間床面積	左官工事業者
珪藻土・漆喰塗り		m²	材工	内壁面積	左官工事業者
11．外部建具工事					
玄関ドア		セット	材	セット数	資材納入業者
勝手口ドア		セット	材	セット数	資材納入業者
外部サッシ	種別、開口サイズ別 ガラス・網戸・雨戸込み	カ所	材	セット数	資材納入業者
インナーサッシ	インナーサッシ取り付け工事	カ所	材工	箇所数	資材納入業者
複層ガラス	ガラス交換工事	カ所	材工	箇所数	資材納入業者
12．内部建具工事					
メーカー品	洋室建具・和室建具（枠付き建具）	カ所	材工	箇所数	資材納入業者
注文建具	洋室建具・和室建具（枠は木工事）	カ所	材工	箇所数	建具工事業者
13．塗装工事					
屋根塗装	再塗装工事等	m²	材工	屋根面積	塗装工事業者
外壁塗装	再塗装工事等	m²	材工	外壁面積	塗装工事業者
14．外装工事					
サイディング	役物・透湿防水シート・コーキング等含む	m²	材工	外壁面積	サイディング工事業者
15．内装工事					
壁クロス貼り		m²	材工	内壁面積	内装工事業者
天井クロス貼り		m²	材工	天井面積	内装工事業者
クッションフロア貼り		m²（式）	材工	床面積（一式）	内装工事業者
カーペット敷き		m²	材工	床面積	内装工事業者
畳		枚	材工	枚数	畳工事業者
16．住宅設備機器工事					
システムキッチン（材料）	タイプ別	セット	材	セット数	システムキッチン工事業者
同上据付手間（工事）		カ所	工	箇所数	システムキッチン工事業者
システムバス（材料）	タイプ別	セット	材	セット数	システムバス工事業者
同上据付手間（工事）		カ所	工	箇所数	システムバス工事業者
洗面化粧台	タイプ別 据付は給排水設備工事	セット	材	セット数	資材納入業者
洗濯防水パン	タイプ別 据付は給排水設備工事	セット	材	セット数	資材納入業者
便器	タイプ別 据付は給排水設備工事	セット	材	セット数	資材納入業者
紙巻器	タイプ別 据付は給排水設備工事	カ所	材	箇所数	資材納入業者
タオルバー・タオルリング	タイプ別 据付は給排水設備工事	カ所	材	箇所数	資材納入業者
水栓	タイプ別 据付は給排水設備工事	カ所	材	箇所数	資材納入業者
17．雑工事					
床下収納庫		セット	材	セット数	資材納入業者
天井点検口		セット	材	セット数	資材納入業者
ハンガーパイプ		本	材	本数	資材納入業者
カーテンレール		本	材	本数	資材納入業者

B. 設備工事

工事区分、項目		単位	材工区分	拾い基準	発注先（例）
1．屋内給排水設備工事					
【配管工事】					
給水配管	1階・2階別設定	カ所	材工	箇所数	給排水設備業者
給湯配管	1階・2階別設定	カ所	材工	箇所数	給排水設備業者
雑排水配管	1階・2階別設定	カ所	材工	箇所数	給排水設備業者
汚水配管	1階・2階別設定	カ所	材工	箇所数	給排水設備業者
ヘッダー	1階・2階の給水配管・給湯配管に含む場合あり	カ所	材工	箇所数	給排水設備業者
【機器取り付け工事】					
設備機器取り付け手間	洗面化粧台・洗濯防水パン・便器・水栓等	カ所	工	箇所数	給排水設備業者
	紙巻器・タオルバー・その他アクセサリー類等	式	工	一式	給排水設備業者
【水道局申請手続き費】		式	経費	一式	給排水設備業者
2．給湯設備工事					
ガス給湯器（材）		セット	材	セット数	資材納入業者
同上据付（工）		カ所	工	箇所数	ガス設備工事業者
電気式給湯器（材）		セット	材	セット数	資材納入業者
同上据付（工）		カ所	工	箇所数	電気設備工事業者
3．電気設備業者					
【配線工事】					
電灯配線		カ所	材工	箇所数	電気設備工事業者
コンセント配線	種類別	カ所	材工	箇所数	電気設備工事業者
スイッチ配線	種類別	カ所	材工	箇所数	電気設備工事業者
【弱電工事】					
インターホン	種類別	カ所	材工	箇所数	電気設備工事業者
電話配線		カ所	材工	箇所数	電気設備工事業者
情報化配線		カ所	材工	箇所数	電気設備工事業者
【換気工事】					
換気扇（材）		カ所	材	箇所数	電気設備工事業者
同上据付（工）		カ所	工	箇所数	電気設備工事業者
【防火・防犯・防災工事】					
住宅用火災警報器		カ所	材工	箇所数	電気設備工事業者
【電力会社申請手続き費】		式	経費	一式	電気設備工事業者
4．ガス設備工事					
ガス配管基本工事		式	材工	一式	ガス設備工事業者
ガスコンロ配管接続		カ所	材工	箇所数	ガス設備工事業者

(5) 見積りに用いる単価

①見積単価の設定

　12頁で解説した通り、住宅の価格は「材料費」「労務費」「粗利益」から成り立っています。単価を設定する際にはそれぞれの工事項目がどの単価区分なのかを意識しなければなりません。工種によっては、材工共単価として計上するものもあり、その価格に何が含まれているのか、含まれていないのかを精査する必要があります。

　自社の単価を設定している場合も、その単価の見直しはどのくらいの頻度で行っているでしょうか。材料単価は市場の動きによって価格変動が激しいものがあります。職人の労務費も建設産業に携わる人手の過不足によって単価が変動していきます。作業方法によって労務単価が違ってくる場合もあります。その単価が実勢に合っているかどうか、現在の作業方法を反映しているかを年に何回か見直す機会を持つことが必要です。

　これまでに扱ったことのない資材の単価は、業者見積りやメーカーのカタログや積算資料の単価を参考にします。ただし、メーカーのカタログ掲載価格は定価であり、通常の取引では割引が入るため、それを積算単価として使用する場合には割引されることを考慮して単価を設定する必要があります。住宅用に『積算資料ポケット版』などの価格情報誌が毎年発売されています。その時の市況に合わせた単価が掲載されているので参考になります。

②『積算資料ポケット版』の活用

　この資料は、一般財団法人経済調査会が独自にネットワークを有する全国の工務店や、資材メーカー・納材店から得た情報をまとめた価格情報誌（図6）です。主に新築工事に利用する『住宅建築編』とリフォーム工事に特化した内容の『リフォーム編』があります。住宅の設計・施工・リフォームを手掛ける設計事務所や工務店が施主向けの見積書を作成する際に活用する価格資料であり、木造住宅工事に必要な材料価格や工事価格を掲載しています。価格の動向のみならず、より使いやすくするための構成・内容の見直しや、その時々の社会情勢を踏まえて適宜重要な情報を取り上げています。

　ポケット版に掲載されている単価は「調査価格」と「公表価格」に分かれます（図7、A）。「調査価格」は工務店を対象とした調査価格値で、実体的な取引価格です。施主に提出する見積金額（営業積算に用いる単価）としてそのままの金額を値入れします。「公表価格」はメーカーが一般的に公表している価格で、定価やカタログ価格、設計価格と呼ばれるものです。一般的な取引価格は割引されることが多く、割引率はさまざまですが、本書の事

1-1　見積書作成のポイント

▶図6　積算資料ポケット版

■壁紙工事 ❷

調査価格（経済調査会調べ）──A

名称	規格・仕様	単位	単価
■壁紙工事			
壁紙	量産品（普及品）　サンゲツ（SP）、トキワ工業（TWS）、リリカラ（LB）　同等品	m²	250
〃	一般品　サンゲツ（RE）、トキワ工業（TWP）、リリカラ（LA）　同等品	〃	490
〃	中級品	〃	1,120
〃	輸入品　定価3,000円相当品	〃	2,100
〃	月桃紙	〃	760
〃	漆喰壁紙	〃	1,500
〃	再生紙・ウッドチップ　オガファーザー同等品	〃	210
〃	〃　　〃　　　　　　ルナファーザー・チップス同等品	〃	210
〃	〃　　〃　　　　　　ルナファーザー・フリーズ同等品	〃	750
下地調整	シーラー塗り	m²	200
〃	下地平滑化処理（軽微な作業の場合は下記の各々のクロス貼り単価に含む）	〃	220
クロス貼り ビニル壁紙	無地系、厚手・発泡加工等ボリューム感ある材料	m²	610
	厚手、発泡加工等ボリューム感ある無地、柄もの	〃	680
	織物調・タイル柄・大柄等で発泡加工等ボリューム感ある材料、エンボスの深いもの	〃	800
	ペイント調・塗壁調・シボの浅いもの。表面強化及び水回り等の機能性。大柄・柄組合せ等	〃	850
	浅シボ、光沢材・メタリック調、防火高性能認定、表面無強化等。防じん機能。壁画調	〃	1,530

材料費──B（m²）
材工共──B
手間──B

◆内装（壁・天井）リフォーム建材 ⓭

メーカー　公表価格──A

品名・品番	仕様	単位	単価（材料費）	メーカー
◆壁紙				
空気を洗う壁紙	W920～930mm×L50m　切り売り可	m	1,000	ルノン ☎03-3492-7341
部屋の嫌な臭いの原因となる8物質を壁紙表面で吸着・分解・消臭する高機能消臭壁紙。		m²	1,080～1,090	
ケイソウくん（壁紙タイプ）				ワンウィル ☎0120-335-212
TA（洋室用）	W970mm×L30m　有効幅920mm×L30m巻	m	1,300	
JR（和室用）	〃　〃　〃　〃	〃	1,300	
WAVE（塗り壁調）	〃　〃　〃　〃	〃	1,300	
FT（フラット）	〃　〃　〃　〃	〃	1,300	
有害化学物質を基準値0.08PPM以下へ低減。調湿、消臭効果有。施工性も優れた珪藻土壁紙。				

▶図7　ポケット版の紙面構成

第1章●リフォーム工事の見積り・積算方法

例では便宜的に定価の70％に設定しました。

　それぞれの金額が材料費なのか労務費（手間）なのか、それとも材料費と労務費を複合した材工共単価なのかの定義を確認する必要もあります（図7、B）。材工共単価はそれのみでこの工事にかかる金額を算出できますが、材料費のみの場合はそれに関わる加工や組み立てに関わる労務費を併せて計上しないと片手落ちになります。

③公共工事労務単価の活用

　本書の事例の労務単価は公共工事設計労務単価（農林水産省及び国土交通省調査）を採用しました。木造住宅工事ではなく公共工事の単価であり、実際に職人が受け取る賃金との乖離はありますが、公の調査金額ですので、信頼できる金額として施主に示す見積書に採用することに問題はないと思います。

1-2　リフォーム工事の見積り

　住宅のリフォーム工事は、工事の対象となる建物が種々雑多です。そのために、新築工事のように工務店ごとに定型化した工事内容とはならず、建物の状況に応じた臨機応変な工事対応が必要になります。また、養生や資材の搬入等に関する特有の制約もあります。これらを、リフォーム工事の積算において反映させて行かなければなりません。

(1) リフォーム工事の見積りに必要なスキル

　リフォーム工事は同じ現場は一つとしてありませんので、新築工事のように定型化した対応はできません。それぞれの現場の状況に応じた、その都度の対応能力が不可欠です。リフォーム工事の見積りを行う際に必要なスキルは5つあると考えています。

　一つ目はリフォーム工事の留意点（表9）を理解し、適切に見積りに反映させるスキルが必要です。二つ目は工事の工程（順番）が理解できること、三つ目は建築の納まりがわかること、四つ目が工数の感覚があることです。工程や納まり、工数の感覚をつかむには実践レベルでの工事経験が必要ですが、現実的には工事経験が豊かな者だけが積算に当たるというわけにはいきません。実践レベルの工事経験がない場合、リフォーム工事現場に足繁く通って、これらの知識を体感として習得して下さい。そして最後の五つ目として建築年代による建物の構造の違いを考慮し、劣化状況を掌握し、耐震、省エネ、バリアフ

▶表9　リフォーム工事の留意点と対応策

留意点	対応
①短工期で輻輳した職種の出入り	工程計画の策定と管理を徹底
	作業単位の品質確認が必要
②資材の仮置き場所の確保	綿密な資材搬入計画の策定
	小ロット搬入
③作業の安全性への配慮 （屋根作業は土砂の付着で滑りやすい等）	仮設計画へ反映
	安全確認の徹底
④生活の場としての配慮（特に在宅工事の場合）	作業時間規制
	養生（床・壁・家具）、片付け
	工事中の段差、出っ張りの危険対策
	仮設トイレの設置
	貴重品の管理・保管
	塗料、バルコニー防水工事の臭気対策
	電気、水道使用量の負担
	防犯対策（外部足場、鍵、その他）
	立入禁止場所設定（工事中場所、足場）
	ほこり、ちりへの対策
⑤家具移動の必要性	工程への折り込み
	室単位の工事実施
⑥駐車スペースの確保	貸駐車場の確保
	電車・バスの利用
	綿密な工程・資材搬入計画の策定
	小運搬の発生
⑦近隣への配慮	作業時間規制
	騒音対策
	飛散、落下防止（塗料、資材、工具）
	粉塵、臭い対策（防水工事、塗装工事）
	外部での禁煙・携帯電話禁止
	立入禁止処置（表示、仮囲い）
	道路養生・清掃

リーへの対応が出来る臨機応変な対応能力が求められます。つまり、リフォーム工事の見積りには幅広い技術知識が必要で、現場を熟知していることが肝要となります。

（2）見積りに反映すべき留意点

表 9 の留意点の中には見積りに反映させる必要がある項目もあります。表 10 にそれぞれの留意事項を反映させる積算項目を一覧表にしました。

大別すると、現場の工事管理・養生・安全に関わる事項は諸経費と、作業時間の制約・作業手間の増大に関わる事項はそれぞれの単価に反映します。作業時間・手間の単価とはすなわち「労務費」（職人の数、工数、手間がかかるということ）であり、リフォーム工事の見積りにおいて留意すべき点は「人の動き」をいかに反映させるか、となります。

また、木造住宅のリフォーム工事では、当初、想定していなかった工事が工事途中で発生する事があります。例えば、外壁に断熱材を装填するために石膏ボードを撤去したところ、蟻害が所見され一部の柱の交換が必要になったり、図面に記載されている筋交いが装着されていなかったりする場合等です。このような隠ぺい部分の欠陥が露見した場合は、予期しなかった工事が追加で発生しますが、工事予算を大幅にオーバーしてしまい、施主

▶表 10　リフォーム工事の留意点の積算への反映

項目	積算反映項目
共通事項	
①現場工事管理手間の増大	諸経費
②作業時間の制限	労務費
③資材の小ロット搬入	搬入費用
④養生、危険防止対策	養生費
⑤家具の移動・養生	家具移動費・養生費
⑥外部付設物への対応	養生費
⑦部分解体工事の費用（小割解体、産廃処理）	解体費
⑧作業者の危険防止	仮設費
在宅工事の場合	
①作業時間の制約過大	労務費
②建築主への対応	諸経費
③資材の移動の必要性	資材移動費
④室別の工事進捗	労務費
⑤粉塵、臭いの対策	工事方法、養生費
⑥危険防止のための養生費	養生費
隠ぺい部分の欠陥	
①欠陥が顕在化した場合	対策予備費を予め計上
②欠陥が発生した場合	建築主承認のもと、必要費用を充当
③欠陥がない場合	減額受注

が追加工事費を支払うことが困難になる場合があります。その場合、工事業者の原価持ち出し（その分を工事業者が負担すること）となり、利益を圧迫する要因になります。これらのことを避けるためには、施主に着工前の建物調査では判断できないことがあること、欠陥が露見した場合の対応方法を契約前に説明し納得していただいた上で、予算として予め計上しておく必要があります。そして、欠陥が露見し対応が必要になった場合には、施主から承認をいただき必要な費用を充当します。どれ位の予算を計上するかは、その建物の状況によりますが、大規模なリフォーム工事の場合、工事費の数パーセント（1,000万円のリフォーム工事で30万～50万円程度）が適当だと思います。

(3) リフォーム工事の見積り体系

16頁で工事の見積り体系を四つ紹介しましたが、それぞれの見積り区分の関連を表11

▶表11　見積り体系の区分の比較

工事内容	工種別見積り区分	部位別見積り区分	室別見積り区分	一式見積り区分
部分解体	解体工事	解体工事	室別工事	一式
養生	仮設工事	仮設工事		
布基礎、ベタ基礎工事	基礎工事	基礎工事	躯体工事	
シロアリ予防、防除工事	防蟻工事	防蟻工事		
構造材、造作材、大工工事	木工事	躯体・木工事		
床下、壁、小屋・屋根断熱工事	断熱工事			
外部足場	仮設工事	外部仕上げ工事	外部仕上げ工事	
屋根葺き、樋工事	屋根・鈑金工事			
バルコニー防水	防水工事			
ポーチタイル貼り	石・タイル工事			
外壁モルタル、漆喰塗	左官工事			
サイディング貼り	外装工事			
玄関ドア、アルミサッシ	外部建具工事	建具工事	室別工事（A室～X室）	
内部木製ドア、障子・襖	内部建具工事			
外壁吹付け、内部塗装	塗装工事	内部仕上げ工事（A室～X室）		
壁・天井クロス、クッションフロア貼り	内装工事			
キッチン、システムバス工事	住宅設備機器工事	設備工事		
給排水配管工事	屋内給排水設備工事			
ガス給湯器、電気式給湯器	給湯設備工事			
配線、弱電、換気工事	電気設備工事			
ガス配管工事	ガス設備工事			

にまとめました。ここではそれぞれがどのようなリフォーム工事に適しているかを考えていきたいと思います。

①工種別見積り

間取りの変更、それに伴う耐震補強工事、省エネ工事（断熱サッシへの交換・断熱材の充填）等、建物全般に関わる大規模なリフォーム工事は、新築工事と同様の工事内容になる場合が多く、工種別見積りが適しています。

施主向けの見積り「営業積算」では、一つの工事の積算項目が、それぞれが属する工事区分に分散されますので、施主には解り難い事があります。例えば、システムキッチンの交換の工事区分は、解体工事・木工事・内装工事・住宅設備機器工事・給排水設備工事・電気設備工事・ガス設備工事等、多岐にわたります（76頁、キッチンセットの交換を参照）。

工事実行予算を策定するための「工事積算」では、ほぼ工事の発注先別に構成されていますので、使い易い見積り体系といえます。

②部位別見積り

床・壁・天井等の内装工事が室別に集約していますので、室別のインテリアコーディネーションと予算管理を行う場合に適した見積り体系です。

「工事積算」では、工事項目を発注先別に組み直す必要があり、大規模なリフォーム工事では、この組み直しに手間が掛かる場合があります。

③室別見積り

各室のリフォームに属する工事項目がほとんど室別に集約されていますので、室別にリフォーム工事の予算管理を行うのに適しています。

「部位別見積り」より多くの工事項目が室別工事に集約されていますので、発注先別に工事項目を組み直す「工事積算」では、部位別見積りよりさらに多くの手間が掛かります。

④一式見積り

建物全般に関わる大規模なリフォーム工事で使われています。リフォーム工事の内容に関わらず、総額費用が算出されますので、施主にとっては工面するリフォーム資金が明快となる事が利点です。構造で手を入れる部分や仕上げ・住宅設備機器等の仕様が画一的なリフォーム工事には適用できます。ただし、一式の中に含まれている工事内容と、オプション工事となる工事内容を明確にすることが重要です。デザイン・仕様等がその都度異

▶表12　リフォーム工事の積算基準

方法	対象工事	長所	短所
方法-1 単位数量当たりの単価による方法	定型化した工事 （メンテナンス工事等）	・予め設定してある工事項目と単価に従って積算が出来るので、現場経験がなくても見積書の作成が可能	・リフォーム工事の実態費用が反映出来ない
方法-2 原価3要素による方法	定型化出来ない工事 （部分リフォーム等）	・リフォーム工事の実態費用が反映できる	・工程、工数、収まりを熟知している必要がある ・積算作業が精緻になり手間が掛かる
方法-3 方法-1と方法-2を組合せる方法	定型化出来る工事と出来ない工事が複合した工事 （全面改修等）	・リフォーム工事の実態費用が反映できる ・積算作業は方法-2に比べれば軽減できる	・リフォーム工事の案件により見積書の内容が異なる

なる自由設計的なリフォーム工事には適していません。

「工事積算」は「営業積算」（一式見積り）とは別物で、工事段階で工種別見積りの作成に準じた積算を行なう必要があります。

（4）リフォーム工事の積算基準

リフォーム工事の積算では、次の2つの積算基準があります。これらの積算基準は、リフォーム工事の内容・規模によって使い分けます（表12）。

①方法-1…単位数量あたりの単価による方法

方法-1は、基本的には新築工事の工種別見積り体系に適した方法ですが、リフォーム工事においても再防蟻工事や外壁・屋根の再塗装工事等の定型的なメンテナンス工事の積算方法として採用されています。

木造住宅の数量の算出、数量の拾いは、単純化されていてわかりやすい基準とする必要があります。施主・元請け工務店・下請け業者が共通の定義で認識できることが基本です。積算の数量（設計数量）と工事で実際に発生する数量（施工数量）との差は、それぞれの単価に含まれているという前提のもとに数量を拾います。具体的な数量の拾い方は20頁から紹介した通りです。

②方法-2…原価3要素（労務費・材料費・経費）の積み上げによる方法

小規模なリフォーム工事で実際の工事原価を反映させる積算方法として相応しい方法です。12頁で述べた通り、1室の壁・天井クロスの張り替えを行うようなリフォーム工事の

場合、新築と同じ面積当たりの単価を準用すると職人の手間賃も出せません。実際に必要な工数と材料、経費を積み上げて算出することで、より適正なリフォーム工事の見積り費用を算出することが可能です。

　最初に、該当する工事に関わる職人の工数（一般的には人/日）を推定して労務費を算定します。工数がどれくらい掛かるかの判断は、積算者の現場感覚が拠り所となります。リフォーム工事の全般的な工程とそれぞれの工程の作業順番が皮膚感覚で解ることが求められます。施主に提出する見積書に工数（人/日）を計上した場合、実際に現場で掛かった工数と相違する場合がありますので、一式表示として合計金額で計上する方が適切だと考えます。

　材料の拾い方に関しては大別して次の2つの方法があります。面積を拾う方法と現場に搬入する数量による方法です。面積を拾う方法は24頁の数量算出基準を元に設計数量を m^2 や m で拾います。現場に搬入する数量とは、製品の個数、セット数、本数、枚数、巻数、箱数等です。どちらの方法を採用するかは、それぞれのリフォーム工事の内容を勘案して、その都度判断する事になります。例えば、石膏ボードの数量は、全面リフォーム工事でスケルトン状態にする場合は内壁と天井の面積を拾い、一室のリフォームの場合は、必要な石膏ボードの枚数を数える事になります。

③方法-3…方法-1と方法-2を組み合わせる方法

　方法-1と方法-2の解説を行いましたが、実際のリフォーム工事の見積書では、必ずしもこの2つの方法にきれいに大別される訳ではありません。定型的な工事の部分に方法-1を適用し、原価3要素まで遡らないと金額が算出できない工事の部分は方法-2とすることが適切だと思います。例えば、複合したリフォーム工事で、定型的な外壁・屋根の再塗装工事を方法-1、部分的なリフォーム工事であるリビングの内装工事を方法-2とすることが実践的な方法となります。

(5)「見積り体系」と「積算基準」の組合せ

　以上、リフォーム工事の見積り書の作成の方法を「見積り体系」と「積算基準」の2つの観点から解説しました。積算基準は基本的には方法-1の単位数量あたりの単価を採用しながら、その範疇から外れる工事では、方法-2の原価3要素に従った積算で加算していきます。例えば、延床面積 1 m^2 当たりの単価で基本的な大工工事費を算定し、基本工事から外れる耐震補強工事に関しては実際に掛かる大工の労務量を想定して加算する方法

▶表13　見積り体系と積算基準の組み合わせ

施主・工事管理の取扱い性	工事の定型性 / 見積書の体系	【数量の拾い方】	【定型的な工事】(面積が大きい等、ある程度の数量があり、定型化できる工事)	【非定型的な工事】(面積が小さい・個別性が高い等、一律的な原価構成とならない工事)	【定型的な工事と非定型的な工事が混在している工事】
施主：リフォーム工事の予算配分がやり難い 工事：工事実行予算が組み易い			【方法-1】単位数量当たり単価による方法	【方法-2】原価3要素による方法	【方法-3】方法-1と方法-2の組み合わせ
	【工種別見積書】		・屋根外壁の再塗装工事 ・レイアウトの変更を伴わないシステムキッチン、システムバスの交換工事	・小規模な大工工事 ・耐震補強工事 ・断熱サッシへの交換工事 ・さまざまな補修工事	・間取りの変更、性能向上等、建物全体にかかわる大規模なリフォーム工事（各室の仕上げのグレードが同一の場合）
↓	【部位別見積書】		・複数の室にまたがる床・壁・天井仕上げのリフレッシュ工事	・1〜2室程度の内装リフレッシュ工事 ・壁一面のクロス貼り替え工事	・同上の大規模なリフォーム工事（室別に内装仕上げのグレードを決めていく場合）
施主：リフォーム工事の予算配分がやり易い 工事：工事実行予算への組み替えが必要	【室別見積書】		・複数の室にまたがる床・壁・天井仕上げのリフレッシュ工事	・床・壁・天井仕上げのリフレッシュ工事に伴う内部建具の交換工事 ・レイアウトの変更を伴うシステムキッチンの交換工事 ・在来浴室をシステムバスに交換する工事	・同上の大規模なリフォーム工事（室別リフォーム工事費を確認しながら、予算配分を行う場合）

です。リフォーム工事の実態費用が反映出来る上に、すべてを原価3要素で積算する場合に比べて作業の手間も軽減できます。中規模から全面改装等のさまざまな工事が複合したリフォーム工事では、この方法が適切です。

　3つの見積り体系と積算基準を組み合わせると、見積りの算出方法が9通りあることになり、リフォーム工事の目的、工事内容、規模等によって、その都度、最も適切な組合せで見積りを作成していくことになります（表13）。

【MEMO】

第 2 章
メンテナンス工事の見積書作成のポイント

　定期的なメンテナンス工事は、大切な住宅を半世紀を超えて維持していくためにだけではなく、断熱改修や省エネ機器への交換、バリアフリー工事など、建物価値を向上させるリフォーム工事にもつながります。この章では、メンテナンス工事の見積書作成のポイントを解説していきます。

2-1 メンテナンス工事とは

2-1　メンテナンス工事とは

(1) メンテナンス工事の必要性

　我が国の取り壊された住宅の平均築後年数は図1の通り32年ですが、アメリカは66年、イギリスでは80年等、欧米ではそれをはるかに超えた年月にわたって、住宅が利活用されています。その理由の一つは、ソフト面*として建物を残して行くニーズが社会にあり、それを支えるためのハード面**として、この定期的なメンテナンス工事を行う事が根付いているからです。住宅を長期間にわたって利活用していくためには、ソフト・ハード両面からのアプローチが必要であり、メンテナンス工事は建物の価値を維持するために必須の工事です。

*ソフト面：次世代への継承のみならず、中古住宅の流通を通じた他世帯への譲渡等により、
　　　　　建物を残して利活用して行くための仕組み
**ハード面：建物の耐久性を維持するための技術対応、および今日的な水準の耐震性、快適性、
　　　　　　省エネ性等を得るための技術対応能力

(2) メンテナンススケジュールと総費用

　定期的なメンテナンス工事の内容と時期、およびそれに関わる工事費の例は図2の通りです。最初の定期メンテナンス工事は、一般的に建物竣工後の10年目に行います。内

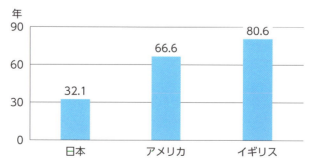

日本：総務省「平成20年、平成25年住宅・土地統計調査」（データ：2008年、2013年）、アメリカ：U.S.Census Bureau「American Housing Survey 2003、2009」（データ：2003年、2009年）http://www.census.gov/、イギリス（イングランド）：Communities and Local Government「2001/02, 2007/08 Survey of English Housing」データ：2001年、2007年) http://www.communities.gov.uk/　より国土交通省推計

▶図1　取り壊された住宅の平均築後年数の国際比較

2-1 メンテナンス工事とは

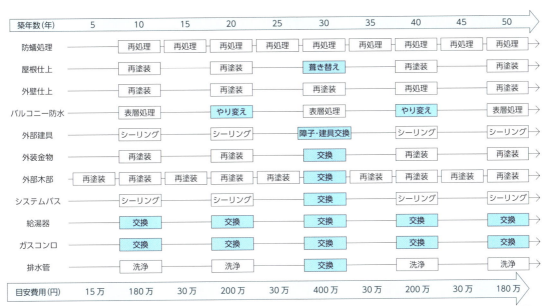

▶図2 　メンテナンス工事の内容と時期、それに関わる工事費の目安

容は、再防蟻工事、外壁・屋根等の再塗装工事、バルコニーの再防水工事、給湯器・ガスコンロの交換等です。工事費用は、概ね150万〜200万円前後となります。竣工後20年目のメンテナンス工事は、竣工後10年目とほぼ同じ工事の繰り返しとなります。最近は、外壁材・屋根材の耐候性能・防水性能が高まってきていますので、第1回目の外壁・屋根の再塗装を竣工後10年目ではなく15年目前後に、実施する場合もあります。

竣工後30年目のメンテナンス工事は、400万円程度掛かります。高額になる理由は、屋根の再施工（屋根ルーフィング、屋根葺き材の撤去・刷新）やシステムバスの交換、さらに場合によっては給排水管の交換等が必要となるからです。

以降、5年から10年ごとに同じ様なメンテナンス工事を実施していくことになり、50年間のメンテナンス工事費の累計は約1,300万円となります。一見莫大な費用と思われがちですが、あくまでも50年間の累計金額であり、1年間の平均金額は、26万円となり、住宅を健全に維持していくために必要な工事ですので、妥当な工事費用と考えられます。

▶表1 メンテナンス工事の工程

工事内容	施工者	1日目	2日目	3日目	4日目	5日目	6日目	7日目	8日目	9日目	10日目	11日目	12日目	13日目	14日目	15日目	16日目	17日目	18日目	19日目
再防蟻工事	防蟻業者	■																		
足場架設	足場組立業者		■																	
屋根・外壁高圧洗浄	塗装業者			■	■															
屋根鈑金シーリング						■														
屋根塗装							■	■												
外壁塗装									■	■	■	■	■		予備日					
その他塗装工事									■	■	■	■	■		予備日					
バルコニー防水	防水業者															■	■			
検査	工事監理者																	■		
足場解体	足場組立業者																		■	
清掃後片付け	清掃業者																			■

(3) メンテナンス工事の工程

代表的な定期メンテナンス工事である、再防蟻工事、外壁・屋根の再塗装工事、バルコニーの再防水（FRP）工事の工程を表1に掲げました。正味19日間と少し工程に余裕を持たせて作成していますが、実態的には休日をはさんで2週間程度でしょうか。

最初に行うのは再防蟻工事です。床下に潜って防蟻剤を散布し、併せて建物周辺への散布も行います。作業時間は2人で半日程度です。

屋根・外壁の再塗装工事に先立って外部足場の架設を行います。安全確保のため、きちんとした再塗装工事を行うためにも、足元がしっかりした足場の架設が必要です。

屋根・外壁の再塗装工事に10日間を見込んでいます。詳細な工程内容は、後述します。

竣工後10年目のバルコニーFRP防水の再防水工事は、既存のFRP防水層の上に、新たなFRP防水層を重ねることが一般的です。FRP防水の表面へ塗料が飛散しないように、外壁・屋根の再塗装工事の完了後に行います。工程的には、2人で1日半程度です。

以降、検査、外部足場の解体、片付け・清掃を経て、メンテナンス工事が完了します。

(4) メンテナンス工事の目安費用

図3のモデルプランを元に一連のメンテナンス工事の工事費目安を算定し、表2に示しました。メンテナンス工事は定型化した工事であり、ある程度の数量がある工事のため、見積り体系は工種別見積りで方法-1の単位数量当たりによる方法で数量を拾います。

延床面積115 m^2 程度の標準的な建物で150万〜180万円となります。個々の工事金額と押さえておきたいポイントに関しては、それぞれの工事で解説します。

2-1 メンテナンス工事とは

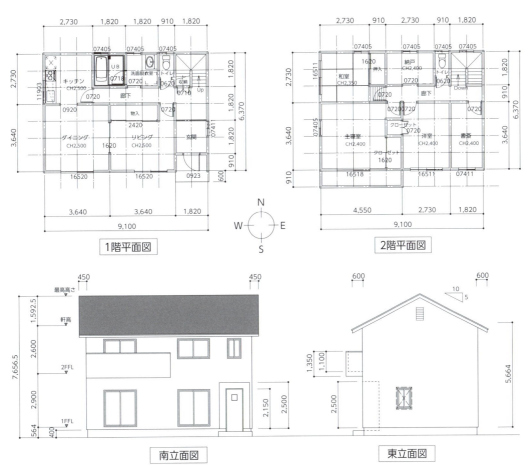

▶図3　モデルプラン

▶表2　メンテナンス工事の工事費目安

工事項目	金額
再防蟻工事	112,600
仮設工事	256,630
屋根再塗装工事	311,216
外壁再塗装工事	662,451
バルコニーの再防水工事	78,330
工事費合計	1,421,227
諸経費（15%）	213,184
総計	1,634,411

2-2　再防蟻工事

(1) シロアリの種類

　我が国に古来より生息する代表的なシロアリは、ヤマトシロアリとイエシロアリです（写真1・2、表3）。これらのシロアリの駆除は、薬剤散布、および穿孔注入処理となります。

　ヤマトシロアリは、比較的寒さに強く、暑さに弱いため、酷寒地を除いて全国的に生息しています。湿った環境を好み、乾いた状態では生息することができません。木造住宅での被害は限定的で床下で多く発生します。ただし、雨漏り等で雨水が浸入して、木造躯体が湿潤状態になると、上部躯体にまで蟻害が発生します。体長は、働き蟻で4～7mm、女王蟻で8～15mmになります。

　イエシロアリは、体内に水を滞留することができるので、蟻害は建物全体に及び、甚大な蟻害が発生します。寒さには弱く、生息は東海地方から西の太平洋側で温暖な気候の地域に限られます。体長は、働き蟻で5～8mm、女王蟻で30～40mmに達します。

▶写真1　床下大引の蟻害

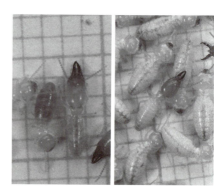

▶写真2　ヤマトシロアリ、イエシロアリ

写真提供：（公社）日本しろあり対策協会

▶表3　シロアリの種類と特徴

種類	分布	特徴	被害	処理方法
ヤマトシロアリ	北海道南部から全国	湿潤な場所に生息	部分的（湿潤箇所）	薬剤、ベイト工法
イエシロアリ	神奈川県海岸部以西の太平洋側で温暖な地域	水分を自ら運ぶ	建物全体	薬剤、ベイト工法
アメリカカンザイシロアリ	一部地域（不明）	乾材に潜む（輸入材・輸入家具）	建物全体	燻煙

```
■代表的な認定防蟻剤 ・・・ 公益社団法人日本木材保存協会
・ベイト剤   ・ホウ酸系   ・ハチクサン
※かつてはクロム・ヒ素・クロルピリホス ・・・ 発がん性あり
■処理箇所
・床下木部処理(土台・大引・束・根太) ・・・ 薬剤吹付け
・土壌処理 ・・・ 薬剤処理
・建具枠 ・・・ 薬剤注入
```

▶図4　防蟻剤の種類

▶写真3　ハチクサン　バイエルクロップサイエンス（株）

　近年、アメリカカンザイシロアリの蟻害が発生しています。原産地はアメリカ大陸の西海岸で、輸入家具等に紛れて我国に渡来したと考えられています。カンザイとは乾材のことであり、乾いた木材でも深刻な被害が発生してしまいます。有効な駆除方法は、建物全体の燻蒸処理等、大掛かりになります。アメリカカンザイシロアリは、防蟻工事業者の保証の対象とならない場合があります。

(2) 防蟻剤の種類

　防蟻剤は、1990年代まではクロルピリホス等が使われていましたが、発癌性等の健康被害の問題があり使用禁止となりました。現在ではそのような問題が起こらない、公益社団法人日本木材保存協会の認定薬剤が使われています（図4）。

　この中で一般的に普及しているのは、ドイツの製薬会社が開発したハチクサンです（写真3）。人体に対する安全性が高く、臭気も比較的少ない防蟻剤です。施工方法は、薬剤散布や木材への穿孔による薬剤注入となります。

　ベイト剤を使用するベイト工法では、薬剤散布は行わず、建物周囲の土中にステーションと呼ばれる容器を埋設させ、その容器の中に置き餌としてベイト剤を定期的に投入します。ベイト剤を食したシロアリは、コロニー（巣内）に戻り、他のシロアリにベイト剤を伝播します。ベイト剤を食したシロアリは、脱皮することができず（脱皮できないと死滅

▶図5　ベイト工法

▶写真4　ホウ酸系防蟻剤　(株) エコパウダー

する)、コロニー内のシロアリを根絶させます (図5)。

　ホウ酸系の防蟻剤は、北米で普及している防蟻剤で、最近、日本でも使われるようになってきました (写真4)。木材に散布して使用します。哺乳類にはほとんど無害といわれていて、安全性が高い防蟻剤です。また、分解されないので効果が減衰することがありません。一方、水溶性が高く、雨や湿気に当たると流れたり、溶けてしまいますので、外部や土に接する場所には使用することはできません。

(3) 再防蟻工事の工程

　延床面積 120 m² 程度の住宅の再防蟻工事の工程は2人で半日程度です。

(4) 再防蟻工事の積算基準

　1階床面積 (又は建築面積) 当たりの単価を設定して算出します (表4)。処理箇所は、木部と土壌です。

再防蟻工事の施工写真

▶写真5　床下に潜って土台・大引にドリルで穿孔し防蟻剤を注入

▶写真6　散布も行う

▶写真7　木製玄関ドアの枠とポーチタイルにドリルで穿孔

▶写真8　穿孔部分に防蟻剤を注入

▶写真9　浴室の壁タイルへの穿孔と防蟻剤の注入

写真提供：(公社) 日本しろあり対策協会

▶表4 再防蟻工事の積算

工事項目	規格・仕様	数量	単位	単価	金額	材工区分	拾い基準
再防蟻工事	予防処理	56.3	m²	2,000	112,600	材工	1階床面積
合計					112,600		

施工方法：床下木部（土台・大引・束・根太）への穿孔後、薬剤注入、散布。土壌への薬剤散布（建物周囲20cm）。木製玄関枠の場合は先行薬剤注入。在来浴槽の場合はタイルの穿孔、薬剤注入。

2-3 足場工事

(1) 足場工事の留意点

屋根・外壁の再塗装工事に先行して、外部足場を架設します。主な足場の種類は、「枠組足場」「単管足場」「くさび緊結式足場」等の本足場やブラケット一側足場です（写真10）。リフォーム工事では、くさび緊結式足場が多用されます。一方、足場板を使わない簡易な単管抱き足場で済ませている場合が散見されますが、作業者の安全確保のみならず、作業姿勢を保ち丁寧な再塗装工事を行うためにも、適切な足場を架設する必要があります（図6）。

併せて、屋根勾配が5寸勾配以上の場合は、屋根足場を架設します（写真11）。新築工事の屋根足場の架設は、6寸以上とする場合が多いと思いますが、メンテナンス工事では、高圧洗浄の際に屋根葺き面に付着している泥や塵が洗浄水とともに流され、足元が滑りやすくなります。安全確保のために、屋根足場の架設条件は新築より緩勾配とします。

▶写真10 足場の例

▶写真11 屋根足場の例

2-3 足場工事

第2章 ● メンテナンス工事の見積書作成のポイント

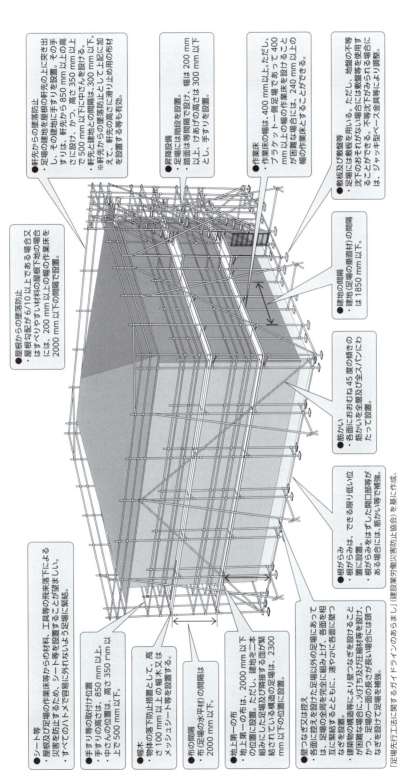

▲図6 外部足場のチェックポイント （一社）住宅リフォーム推進協議会［足場のチェックポイント］

［足場先行工法に関するガイドラインのあらまし（建設業労働災害防止協会）］を基に作成。

● 軒先からの墜落防止
・足場の建地を屋根の軒先の上まで突き出し、その建地に手すりを設置。その手すりは、軒先から850 mm以上の高さに設け、かつ、高さ350 mm以上で500 mm以下に中さんを設ける。
※軒先からの墜落防止として上記に加えて、軒先の高さに滑り止め用の布材を設置するも等も有効。

● 屋根からの墜落防止
・足場の連地に手すり下地の場合又はすべりやすい材料の屋根下地の場合には、200 mm以上の幅の作業床を2000 mm以下の間隔で設置。

● 昇降設備
・足場には階段を設置。
・踏面は等間隔で設け、幅は200 mm以上、けあげの高さは300 mm以下とし、手すりを設置。

● 作業床
・作業床は、400 mm以上。ただし、ブラケット一側足場であって400 mm以上の幅を設けることが困難な場合には、240 mm以上の幅の作業床とすることができる。

● 敷板及び盤盤等
・足場には敷板を用いる。ただし、地盤の不等沈下のおそれがない場合には敷盤等を使用することができる。不等沈下がみられる場合には、ジャッキ型ベース金具等により調整。

● 建地の間隔
・建地(足場の垂直材)の間隔は1850 mm以下。

● 筋かい
・各面におおむね45度の傾きの筋かいを全層及び全スパンにわたって設置。

● 根がらみ
・根がらみは、できる限り低い位置に設置。
・根がらみをはずした開口部等がある場合には、筋かい等で補強。

● 壁つなぎ又は控え
・各面に控えを足場以外の足場にあっては、足場の全周を完全に組み上げ、各面を相互に緊結するとともに、速やかに各面に壁つなぎを設置。
・建築物の構造等により壁つなぎを設けることが困難な場合には、入れ子及び圧縮材等を設け、かつ、足場の一面の長さが長い場合には頭つなぎを設けて足場を補強。

● 地上第一の布
・地上第一の布は、2000 mm以下の位置に設置。ただし、建地を二本組みにした足場の落下防止措置として、高さ100 mm以上の幅木又はメッシュシート等を設置する。

● 布の間隔
・布（足場の水平材）の間隔は2000 mm以下。

● 幅木
・物体の落下防止措置として、高さ100 mm以上の幅木又はメッシュシート等を設置する。

● 手すり等の取付け位置
・手すりの高さは、850 mm以上。
・中さんの位置は、高さ350 mm以上で500 mm以下。

● シート等
・屋根及び足場の作業床等からの材料、工具等の飛来落下による災害を防止するため、シート等を設置することが望ましい。
・すべてのハトメで容易に外れないよう足場に緊結。

2-3 足場工事

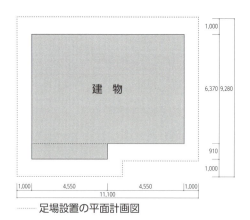
………足場設置の平面計画図

部位	数量算出	計算式	面積	積算数量
足場	{(X軸方向の最長辺＋2 m)＋(Y軸方向の最長辺＋2 m)}×2×最高高さ	{(9.1＋2)＋(6.37＋0.91＋2)}×2×7.6565	312.07	312.1 m²

▶図7　足場架け面積の算出

▶表5　足場工事の積算

工事項目	規格・仕様	数量	単位	単価	金額	材工区分	拾い基準
外部足場工事	くさび緊結式ブラケット一側足場	312.1	m²	470	146,687	材工	足場架け面積
メッシュシート工事	防炎一類	312.1	〃	230	71,783	材工	足場架け面積
屋根足場工事	屋根勾配5寸以上の場合計上	84.8	〃	450	38,160	材工	屋根面積
合計					256,630		

※5寸勾配なので、屋根足場を計上。数量については「屋根再塗装工事」を参照のこと。

(2) 足場工事の積算基準

　足場架け面積を数量拾い基準とする場合と、施工床面積や延床面積を数量拾い基準とする場合があります。一般的には施工床面積を拾い基準にすることが多いようですが、ここでは、足場架け面積としました。

　外部足場工事は架け面積で算出するために、まずは平面図から外壁（バルコニーがある場合は、バルコニー部分を含む）の外周長さを拾い、外壁のそれぞれの出隅部分に1mを加算した外周長に、建物の最高高さを乗じて架け面積を算出します（図7）。メッシュシートの拾い基準は、外部足場工事に準じます。屋根足場は屋根面積を元に算出します。本書では5寸勾配以上の場合に計上することにし、今回の事例の屋根勾配は5寸ですので計上しています（屋根面積の拾い基準は、屋根再塗装工事で解説します）。

2-4　屋根再塗装工事

(1) 屋根塗料の種類

　屋根塗料の種類は、表6の通りです。屋根面は直接太陽光が照射され、風雨や降雪を受けますので、外壁塗料よりも厳しい気候条件にさらされます。そのために、水性塗料だけではなく、弱溶剤系の塗料も使われています。樹脂の種類は高耐久のポリウレタン系、アクリルシリコン系、フッ素系が主流です。最も耐用年数の高いフッ素系でも5年程度の耐久性とされていましたが、近年では、耐用年数10年程度の高耐久塗料も製品化されています。また、夏の直射日光の熱を和らげる遮熱塗料も使われています。

　工事費の目安（メーカーの設計価格）を表7に示しました。最も耐久性の高いフッ素系で一棟39万円、ポリウレタン系で30万円となり1.3倍の差があります。施主には塗料の種類による耐久性の違いを説明して理解を得る必要があります。

▶表6　屋根塗料の種類

部位	樹脂	種類		危険分類	コスト	耐久性	低汚染性	備考
屋根	ポリウレタン	弱溶剤	2液	第2石油類	C	3年以下	◎	遮熱塗料あり
	アクリルシリコン	水性	1液	非危険物	B	3年	○	遮熱塗料あり
		弱溶剤	2液	第2石油類			◎	
	フッ素	水性	1液	非危険物	A	5年	○	遮熱塗料あり
		弱溶剤	2液	第2石油類			◎	

※コストはA＞B＞C

▶表7　屋根再塗装の工事費目安

部位	樹脂	種類	設計価格（円/m^2）	諸経費	棟金額（円）
屋根	ポリウレタン	弱溶剤	3,150	15%	308,000
	アクリルシリコン	水性	2,900		284,000
		弱溶剤	3,450		338,000
	フッ素	水性	3,600		353,000
		弱溶剤	4,050		397,000

※モデルプラン屋根面積85.3 m^{2}で試算
　棟金額＝メーカー設計価格×屋根面積で算出。
　足場は別途。

(2) 屋根再塗装工事の工程

屋根再塗装工事の工程は、図8の通りです。既存は化粧スレート葺きとしました。事前調査は、後述する外壁再塗装工事の事前調査と併せて行います。屋根に関しては屋根葺き材の状態（退色、割れ・欠け、ずれ等）、棟鈑金・谷鈑金の腐食の状態、ルーフィング材の劣化状態等の調査をします。工事に先立ち、外部足場の頂上に親綱を引っ掛けるロープ等を架けます。屋根勾配が5寸以上の場合は、屋根足場を井形に架設します。以降、高圧洗浄、下塗り（シーラー）、仕上げ塗りと続きます。

「縁切り」は、新築工事では聞きなれない用語ですが、化粧スレート葺き屋根の再塗装工事で行われる工程の一つです。屋根の防水は、下張り材であるルーフィングが担っています。屋根葺き材の役割は、飛来物からルーフィングを保護、太陽の照り返しや風雨からルーフィングを保護することです。屋根葺き材の裏側に浸水した雨水は、ルーフィングの表面を伝わり、屋根葺き材の横方向の接合部から外部に放水されます。屋根に再塗装した塗料の粘性が高いため、この屋根葺き材の接合部を塞いでしまい、屋根葺き材の裏に浸入した雨水が外部に放水されずに滞留してしまいます。滞留した雨水は、短期間でルーフィングとその下の下地材（下地合板や垂木）を腐食させてしまい、雨漏りの原因となり、天井仕上げ面にシミとなって現れます。「縁切り」とは、屋根葺き材に再塗装した塗料が完全に乾く前に、横方向の重なり部にカッターナイフを入れて隙間を作る作業のことで、ルーフィングを伝わって来た雨水を外部に放出するようにするための工程です。この作業は、横方向の重なり部の延べ長さが長いために結構手間が掛かります。最近では、この手間を削減し、確実に隙間を確保するために、屋根葺き材の重ね合わせ部分に塗装をかける前に差し込んでおく製品が普及しています（図9）。

屋根からの滑落は発生すると甚大な被災となるため、注意が必要です。また、化粧スレート葺きの場合、踏みつぶしにより材料を割らないように留意します。

▶図9 タスペーサー （株）セイム

2-4 屋根再塗装工事

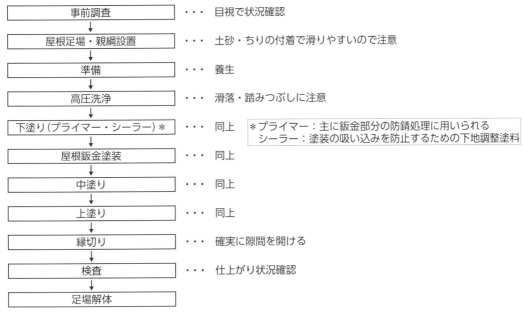

▶図8　屋根再塗装工事の工程

屋根再塗装工事の施工写真

▶写真12　施工前の状態。化粧スレート版の表面のつやがなくなっている

▶写真13　高圧洗浄の様子。5寸勾配以上なので屋根足場を架設している

▶写真14　下塗り（シーラー塗り）

▶写真15　上塗り

▶写真16　鈑金塗装

写真12、14～16 提供：(株) エバー

（3）屋根再塗装工事の積算基準

屋根の水平投影面積に勾配係数（表8）を乗じて屋根面積を算出し（図10）、工事費を積算します（表9）。

▶表8 勾配係数

屋根勾配	勾配係数
1寸	1.00
2寸	1.02
3寸	1.04
4寸	1.08
5寸	1.12
6寸	1.17
8寸	1.28
10寸	1.41

■勾配係数の求め方
例：屋根勾配5寸の場合
$\sqrt{10^2+5^2}=\sqrt{125}≒11.2$
勾配係数は 11.2÷10＝1.12

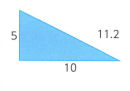

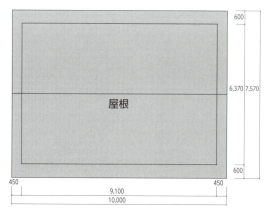

部位	数量算出	計算式	面積	積算数量
屋根	水平投影面積×勾配係数	（10.0×7.57）×1.12	84.78	84.8 m²

▶図10 屋根面積の算出

▶表9 屋根再塗装工事の積算

工事項目	規格・仕様	数量	単位	単価	金額	材工区分	拾い基準
高圧洗浄		84.8	m²	240	20,352	工	屋根面積
屋根下地処理	シーラー塗り	84.8	〃	520	44,096	材工	屋根面積
屋根仕上塗装	フッ素樹脂系	84.8	〃	2,910	246,768	材工	屋根面積
合計					311,216		

2-5　外壁再塗装工事

(1) 外壁塗料の種類

　外壁の再塗装は、塗膜が強く耐候性の高い溶剤系の塗料が多く使われてきましたが、現在では、製品改良が行なわれ、人体への健康への影響が少ない水性の塗料が使われるようになりました。代表的な塗料の種類は、表10 の通りです。この中で合成樹脂エマルションペイント（EP）は、最も安価ですが耐久性はほとんど期待できません（耐用年数2年程度）。そのため、屋根塗料と同様に比較的耐用年数の長いアクリルシリコン系、フッ素系が主流になっており、フッ素系の塗料はメーカーでは耐用年数を15年としている製品があります。耐久性が高く、低汚染なフッ素系やシリコン系の塗料の使用が薦められます。さらに、最近では紫外線による劣化を抑制するラジカル制御型塗料や、汚れが付着しにくい光触媒塗料なども製品化され、使用する塗料の選択肢が広がっています。

　それぞれの工事費の目安（メーカー設計価格）を表11 で比較しました。最も耐久性が高いフッ素樹脂系は、安価な EP に比べると 1.7 倍もの金額となります。施主は金額の大

▶表10　外壁塗料の種類

部位	樹脂	種類	危険分類	コスト	耐久性	低汚染性	備考
外壁	合成樹脂エマルションペイント	水性　1液	非危険物	D	—	—	
	アクリル樹脂エマルションペイント			D	—	—	
	ポリウレタン樹脂エマルションペイント			C	5年	—	
	アクリルシリコンエマルションペイント			B	10年	○	
	フッ素樹脂エマルションペイント			A	15年	◎	防カビ、防藻性

※コストは A＞B＞C＞D

▶表11　外壁再塗装の工事費目安

部位	樹脂	種類	設計価格（円/m²）	諸経費	棟金額（円）
外壁	合成樹脂エマルションペイント	水性	1,150	15%	458,000
	アクリル樹脂エマルションペイント		1,250		479,000
	ポリウレタン樹脂エマルションペイント		1,900		617,000
	アクリルシリコンエマルションペイント		2,100		660,000
	フッ素樹脂エマルションペイント		2,700		788,000

※モデルプラン外壁面積 185.3 m² で試算
　棟金額＝（メーカー設計価格＋下地処理 1,000 円）×外壁面積で算出。
　足場は別途。

小に目を奪われがちですが、元来性能の全く違うものを同一視線で比べても意味はありません。外壁塗装業者のポスティングチラシで「一流メーカーの塗料を使用！」とうたっていることがありますが、それよりも塗料の種類の違いによる耐久性の違いを説明して、金額の妥当性を施主に理解してもらうことが肝要と思います。

(2) 外壁再塗装工事の工程

外壁再塗装工事の工程を図11に示しました。事前調査で外壁仕上げ面の退色・傷み・苔・クラック等の発生度合を調査します。併せて敷地内の状況（足場の架設が可能か、空調室外機等）、道路・近隣状況も調べます。実際の工事は足場の架設から始まり、次に建物の塗装をしない面にビニルシート・養生テープを張り付けます。樹木や自動車にも塗装工事中に飛散した塗料が付着することを防ぐためにビニルシートを被せます。

高圧洗浄は、外壁面に付着している泥や埃を除去するための工程ですが、効率を良くするために洗浄水の水圧を高くしがちです。過度に高い水圧は、モルタル面等の基材を痛める場合があり注意が必要です。高圧洗浄に続く工程で、モルタル面に発生しているクラックにモルタルや樹脂モルタルを充填します。

下塗り工程では、シーラーを塗布します。これは、続く工程で塗布した塗料がモルタル

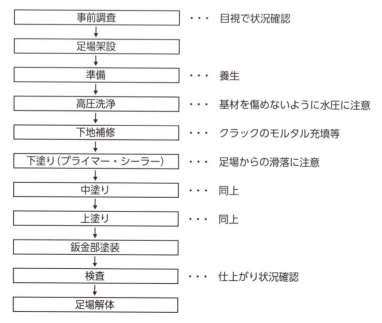

▶図11　外壁再塗装工事の工程

外壁再塗装工事の施工写真

▶写真 17　モルタルの高圧洗浄

▶写真 18　下塗り（シーラー塗り）

▶写真 19　上塗り

▶写真 20　サイディング部分のシーリング交換

▶写真 21　破風、化粧鼻隠しの再塗装

▶写真 22　出窓鈑金屋根の再塗装

▶写真 23　樋の再塗装

写真 17～21、23 提供：(株) エバー

面に染み込むのを防ぐためです。鈑金部分には防錆処理のためのプライマーを塗布し、以降、中塗り・上塗りと進みます。これらの工程は、以前は吹き付けで行っていましたが、近年は塗料の飛散を少なくするためにローラを使用するようになってきました。

　外壁面の塗装が完了した後、鈑金（土台水切り・庇・出窓屋根等）、軒天井、破風・鼻隠し、たて樋・軒樋等を刷毛引き塗装し、検査、足場の解体を行います。

　一連の作業を通じて留意する必要があるのは足場からの滑落です。建築工事で最も多い事故の一つであり、人命にも係わる甚大な事故となります。細心の注意が必要です。

　雨漏りなどによって外壁モルタルの裏側に侵入した雨水が外壁モルタルの微細なクラックから流出することで、結果的に構造躯体の腐食が免れるケースがあります。最近の外壁塗料は製品改良によって塗膜の伸長性能が高くなっていますが、このようなケースの住宅にこの塗料を再塗装すると、微細なクラックが塞がれる上に、塗膜が強いために新たなクラックが発生しにくくなり、内部に侵入した雨水が外部に流出しにくくなります。そのため、逃げ場のなくなった雨水が滞留し、防水紙や構造躯体を腐食させて、外壁室内側の仕上げ部分にシミが発生することが稀にあります。事前調査で雨漏りの兆候を調べ、発生している場合には原因の究明と適切な対処を行うことが必要です。

(3) 外壁再塗装工事の積算基準

　再塗装工事の対象となる外壁面積と軒天井の面積を拾います（図12）。本書では、破風・鼻隠し・樋等の再塗装工事は、外壁再塗装工事に含まれている（単価に反映されている）ことにしました。

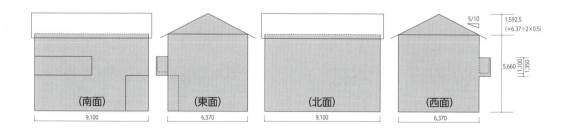

2-5 外壁再塗装工事

■外壁面積

部位	数量算出	計算式	面積
外壁	外周長×外壁仕上げ部の高さ	(9.1+6.37)×2×5.66	175.12
玄関袖壁		(0.91×2)×2.5	4.55
バルコニー	バルコニー周長×仕上げ部高さ(内外面)	(0.91+4.55+0.91)×(1.1+1.35)	15.60
矢切	矢切面積×箇所数	(6.37×1.5925÷2)×2	10.14
		外壁面積合計	205.41

■開口面積

部位	呼称	幅 (m)	高さ (m)	箇所	面積 (m^2)
1階	09223	0.90	2.15	1	1.94
	16520	1.65	2.00	2	6.60
	07411	0.74	1.10	1	0.81
	07405	0.74	0.50	3	1.11
	11903	1.19	0.30	1	0.36
2階	16518	1.65	1.80	1	2.97
	16511	1.65	1.10	2	3.63
	07411	0.74	1.10	1	0.81
	07405	0.74	0.50	5	1.85
				開口面積合計	20.08

■外壁再塗装部分面積

部位	数量算出	計算式	面積	積算数量
外壁再塗装部	外壁面積合計−開口部面積合計	205.41−20.08	184.61	184.6 m^2

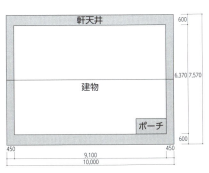

■軒天井面積

部位	数量算出	計算式	面積
軒天井	(屋根水平投影面積−建物水平投影面積)×勾配係数	{(10.0×7.57)−(9.1×6.37)}×1.12	19.86
ポーチ	ポーチ面積	1.82×0.91	1.65
バルコニー	バルコニー床面積	4.55×0.91	4.14
		軒天井面積合計	25.65

積算数量 25.7 m^2

▶図12 外壁再塗装面積の算出

▶表12　外壁再塗装工事の積算

工事項目	規格・仕様	数量	単位	単価	金額	材工区分	拾い基準
高圧洗浄		210.3	m²	240	50,472	材工	外壁面積＋軒天井面積
外壁塗替え工事	可とう形改修塗材E(フッ素系)	184.6	〃	3,130	577,798	材工	外壁面積
軒天井塗替え工事	アクリル樹脂非水分散形塗料	25.7	〃	1,330	34,181	材工	軒天井面積
合計					662,451		

　算出した外壁面積と軒天井の面積を元に、外壁再塗装工事の積算を行いました (表12)。塗り替えにあたっては、下地部分の劣化状況により、処置が必要な場合もあります。現場の状況判断の結果、下地調整が必要な場合は、見積りに下地調整費用の項目を示し、工事内容に応じた金額を計上しましょう。

2-6　バルコニーの再防水工事

(1) 防水工事の種類

　木造住宅のバルコニー防水工事では、手軽で工事費が比較的低廉なFRP防水工法が多く採用されています。FRP防水は塗膜防水の一つで、ガラス繊維と溶剤を重ねて防水層を形成して行く防水工法です。FRPは太陽光に直接さらされると徐々に劣化してしまいます。耐用年数は10年程度と他の種類の防水方法に比べて高くありません。従って、10年ごとの定期的な再防水工事が必要です (表13、図13・14参照)。

　竣工後10年目に行う第1回目の再防水工事では、既存のFRP防水層を残して、その上に新たなFRP防水層を重ねます。その際、新たなFRP防水層の立ち上がり部分の密着を確実に行わないと、雨水が既存の防水層の表面と新たな防水層の裏面の間に浸入し、トラブルを引き起こします。第2回目の再防水工事は、第1回目の再防水工事の10年後（竣工後20年目）を目途に行います。第2回目の防水工事では、FRPの劣化状況によっては2層に重ねられた既存の防水層を完全に撤去して、全く新たな防水層を形成する必要があります。

　また、FRP防水工事は刺激臭のある揮発性の有機溶剤を用いるのと、再防水工事の際に表面のトップコートを撤去するためにサンダー掛けをする必要があるため、臭気や騒

2-6 バルコニーの再防水工事

▶表13 防水工事の種類

種類		防水層厚さ	耐用年数	特徴
塗膜防水	ウレタン塗膜	3 mm〜	10 年	形状追従性あり
	FRP	3 mm〜		ガラス繊維
シート防水	塩ビシート	1.5〜2 mm	15 年	露出歩行用
	ゴムシート	1.2〜2 mm		露出非歩行用
アスファルト防水		5〜10 mm	20〜30 年	実績多く信頼性高い

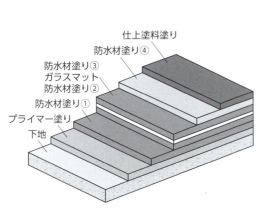

▶図13 FRP防水

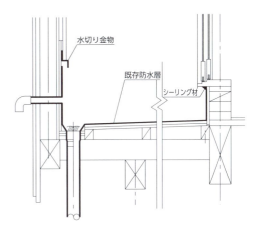

▶図14 FRP再防水の納まり図　FRP防水材工業会

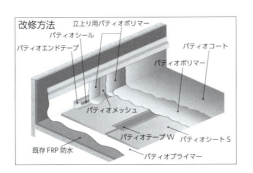

▶図15 ウレタン系再防水工法、パティオール　(株)田島ルーフィング

音、粉塵の問題が生じます。そのようなこともあり、刺激臭が少なく、トップコートの撤去の必要のない、同じ塗膜防水のウレタン系防水が再防水工事で使われることも多くなっています（図15）。

(2) FRP再防水工事の工程

　FRP再防水工事は、下地処理として既存のトップコート（FRP防水層を保護するための塗装）を研磨して撤去することが最初の工程です。そして、次の下地処理としてプライマーを塗布します。その後に、溶剤とガラス繊維布を2層分重ね合わせ、新たなFRP防水の表面調整を行い、トップコートを塗布して防水層を形成します。さらに、防水立ち上がり部分の処理（シーリング・鈑金等）を行い、ドレインの目皿を交換します（図16）。

(3) FRP再防水工事の積算基準

　平部の床面積に防水立ち上がり部分の面積を加算して、面積当たりの単価を乗じて金額を算出します（図17）。本書では、バルコニーの再防水に係るシーリング・鈑金・排水ドレイン部分の補修・目皿の交換等は、単価に含まれていると定義しています。

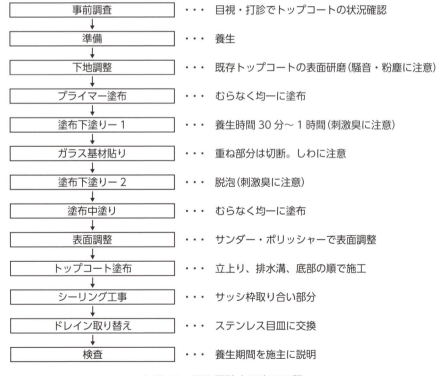

▶図16　FRP再防水工事の工程

2-6 バルコニーの再防水工事

FRP 再防水工事の施工事例

▶写真 24　10 年経過した FRP 防水。表面のつやがなくなり、このまま放置しておくと亀裂が発生する

▶写真 25　表面のトップコートを研磨したところ

▶写真 26　ガラス繊維布の敷き込み、溶剤の塗布

▶写真 27　トップコートの塗布し、目皿を交換して再防水工事完了

部位	数量算出	計算式	面積	積算数量
バルコニー平部分	バルコニー床面積	4.55×0.91	4.14	4.1 m²
バルコニー立上り部分	バルコニー周長	(4.55＋0.91)×2	10.92	10.9 m

▶図 17　FRP 再防水面積の算出

▶表 14　再防水工事の積算

工事項目	規格・仕様	数量	単位	単価	金額	材工区分	拾い基準
平部分再防水工事	FRP 防水	4.1	m²	9,800	40,180	材工	バルコニー床面積
立上り部分再防水	FRP 防水　高 120 ㎜	10.9	m	3,500	38,150	材工	バルコニー周長
合計					78,330		

【MEMO】

第3章
部分リフォーム工事の見積書作成のポイント

　部分リフォーム工事は、工事の内容を定型化するのが難しく、それぞれの住宅の既存の状態によって、工事内容や工程、それに関わる職種と工数が違ってきます。見積書の作成に当たっては、作業の工程を掌握し、その工程に従って必要部資材を拾い出し、関わる職種とその作業工数を推定して積算していく必要があります。新築工事の様に定型的な工事項目と拾い基準を設定して見積書を作成すると、例えば、大工の工事費の積算数量を床面積（坪）とし、設定してある坪面積当たりの単価を乗じて算出すると、実際の工事費と乖離することがあります。それでは部分リフォーム工事の見積書作成のポイントを見ていきましょう。

3-1　部分リフォーム工事とは

(1) 部分リフォーム工事の内容と時期

　本書では主に内装や設備のリフレッシュ・交換工事を部分リフォーム工事と定義しています。その他、屋根、外壁のやり変え工事も部分リフォーム工事として解説しています。

　内装のリフレッシュ工事は、長年の使用により木製フローリングが傷んできた、壁クロスが汚れてきた等の理由で工事が行われます。インテリアデザインをガラッと替えてみたいという思いも、これらの内装工事を誘発させます。内部建具は、インテリアデザインのアイテムの一つですので、これに呼応して交換する場合があります。また、沓摺が付いている古い内部建具を、バリアフリーに対応した沓摺なしの物に交換したり、開きドアを片引きのアウトセットドアに交換したりすることもあります。内装の部分リフォーム工事は、早ければ竣工後10年後くらいから発生しますし、竣工後20年経過すると何らかのリフレッシュ工事が行われます。

　キッチンセットや浴室等の住宅設備機器は、建物が竣工してから20年位経過すると、機器が劣化し、機能面でも陳腐化してしまい、リフォームの要望が増えてきます。また、これらの住宅設備機器の交換は、提案・打合せ・設計・工事の手離れが良く、工事費もまとまった額になりますので、請負者としては魅力的なリフォーム工事の一つです。

(2) 部分リフォーム工事の見積り

　43頁で紹介したモデルプランを元に部分リフォーム工事の金額を算出していきます。床と壁・天井の工事は主寝室（図1）の内装リフォームを行うことを想定して工事費を算出します。

　部分リフォーム工事は定型化した工事と非定形的な工事が混在している工事であり、規模もまちまちであることから、工事内容によって見積り体系と積算基準の組み合わせが変わってきます。次からそれぞれの工事で押えておきたいポイントと見積り方法について解説していきます。

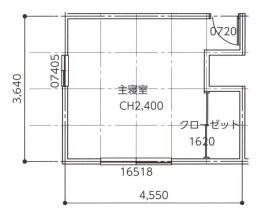

開口呼称寸法：外部建具16518→幅1.65m×高1.8m
内部建具 0720→幅 0.7m×高2.0m

▶図1　モデルプラン主寝室図

3-2　養生に関して

(1) 留意点

　養生は全ての工事に先んじて行う重要な仮設工事の一つです。床や壁に傷が付く事を防ぐ、施主の大切な家具に傷を付けない、施主・職人の工事中の安全を確保するためなどが一義的な目的です。特に在宅工事の場合は、施主がつまずいたり、置いてある資材にぶつかって怪我をしたりする場合があるので、床・資材の養生に十分留意しなくてはなりません。

　適切な養生は、実は他にも大きな効果があります。それは、きちんと養生され、掃除・整頓された現場は、丁寧な工事が行われているという好印象を施主に与えます。新築工事では、現場養生・清掃・整頓は、ここ数年大幅に改善されてきました。リフォーム工事では、まだまだの所がありますので、意識改革も含めて今後、取り組むべき大きな課題だと思います。

(2) 養生の種類

　養生を行う主な箇所は表1の通りです。建物外部から施主の大切な家具まで多岐にわたります。長尺の資材の搬入や、脚立の取り回しで壁や天井、建具枠を損傷する場合がありますので、厳重な養生を行って下さい。

3-2 養生に関して

▶表1 内部養生の対象と方法

養生対象	内容
建物外部	・搬入経路、玄関ポーチにブルーシート等を敷設
	・玄関扉、枠（段ボール、プラベニヤ、発泡樹脂L型コーナー保護材等）
	・給湯器、空調室外機（ビニルシート）
	・樹木（ビニルシート）
内装床仕上げ	・ブルーシート、再生パルプ、プラベニヤ等で床全面を養生
内壁仕上げ	・下部部分にプラベニヤ等で養生
	・コーナー部に発泡樹脂L型コーナー保護材を取り付け
内部建具	・扉、枠の養生（プラベニヤ、発泡樹脂L型コーナー保護材等）
表しの柱・梁	・発泡樹脂L型コーナー保護材で養生
突起物	・パッキン等で包み、危険表示
床段差	・トラテープ等で危険表示
住宅設備機器	・キッチンセット、洗面化粧台の養生（段ボール、プラベニヤ等）
	・システムバスの養生（ビニルシート、ブルーシート等）
	・便器の養生（ビニルシート）
搬入資材	・ブルーシートを掛ける
置き家具	・布等で覆う

▶写真1 養生の例

(3) 養生費

図1の8畳の主寝室の養生費用は表2の通りです。参考として全面リフォーム工事した場合の金額も算出しています。

▶表2　内部養生の積算

工事項目	規格・仕様	数量	単位	単価	金額	材工区分	拾い基準
床養生	再生パルプボード	14.1	m²	700	9,870	材工	床面積
壁下部養生	プラベニヤ	15.7	m	190	2,983	材工	延長さ
窓枠養生	発泡樹脂L型コーナー保護材（3方）	2.0	カ所	940	1,880	材工	箇所数
室内建具枠養生	同上	1.0	〃	370	370	材工	箇所数
合計					15,103		

（参考）全面リフォーム工事の場合

工事項目	規格・仕様	数量	単位	単価	金額	材工区分	拾い基準
全体養生	床・壁・開口部	114.3	m²	780	89,154	材工	延床面積

3-3　木製フローリングの張り替え

(1) リフォームの留意点

　既存の木製フローリングを張り替える方法として次の3種類の方法が考えられます（図2）。一つ目は既存木製フローリングを撤去して、内部建具枠を外してから張り替える方法です。建具枠を外す際や木製フローリングの撤去時には、施工対象ではない内装仕上げ材との取り合い部分や下地合板などに傷を付けないように留意します。二つ目は既存木製フローリングを残し、建具枠を外してから新規木製フローリングを重ね張りする方法です。この場合は、重ね張りすることで生じる段差をどのように収めるかを十分に検討し、施主にもあらかじめ説明して了解を得る必要があります。建具および建具枠は既存を加工（アンダーカット等）します。取り外す際は傷付けないように注意が必要です。また既存建具が構造的、意匠的にアンダーカット可能かを事前に確認し、状況に応じて加工面の仕上げ方法（タッチアップペイント等）も検討する必要があります。三つ目が既存フローリングを残した上で、建具枠を外さずに、新規木製フローリングを重ね張りする方法で、留意点は二つ目とほぼ同様です。

　ここでは二つ目の建具枠を外した上で、既存フローリングの上に新規フローリングを重ね張りする方法の工程と、工事費の算出方法を解説します。

▶図2　木製フローリングの張り替え

(2) 工程

　表3は広さ8畳程度の主寝室を工事した場合の工程です。5日間の工程で組んであります。内装仕上げ材の刷新の場合、家具の移動が必須となります。工事の最初に行うのは家具の移動で、他の室に運び出す必要があるため、その工程を忘れずに組み込んでおきましょう。また、既存との取り合い（生じる段差や色合わせ）については、施工途中に現場で確認してもらうことも必要です。施主の予定を確認し、工程にロスが生じないようにしましょう。大工の工数は4人工（1人で4日）程度と見込みましたが、施主が居住しながらのリフォームではより厳密な工程管理が求められること（工期の延長を嫌がられるなど）を念頭に置いて工程を組み、予備日の設定とその説明をしっかりと行いましょう。

(3) 工事費目安

　木製フローリングの張り替えを一室のみ行う場合は、方法-2の原価3要素の積み上げによる方法が適しています。工程表から必要人工数を勘案し、床面積を拾って材料の必要

▶表3　フローリング張り替え工事工程表

	作業内容	施工者		1日目	2日目	3日目	4日目	5日目	6日目
仮設工事	家具移動・養生（壁・造作）	大工・現場代理人	0.5人						
撤去工事	幅木撤去		1人						
	建具取り外し								
	建具枠取り外し								
据付工事	下地調整（不陸調整）	大工	1人						
	新規フローリング取り付け（釘留め）								
	建具枠カット・取り付け		1人						
	建具アンダーカット・取り付け								
	新規幅木取り付け								
	建具下端に段差調整の見切り取り付け		0.5人						
	片付け・清掃								
予備日									

▶表4　床面積の算出

部位	数量算出	計算式	面積	積算数量
床	床面積	(3.64×3.64)＋(0.91×0.91)	14.07	14.1 m²

▶表5　フローリング張り替え工事の積算

工事項目	規格・仕様	数量	単位	単価	金額	材工区分	拾い基準
フローリング・幅木張り手間	大工	4.0	人日	24,300	97,200	工	所要人工
複合フローリング	中級品程度（単板張り）厚12×303×1818 mm	14.1	m²	3,820	53,862	材	床面積
幅木		1.0	式	15,000	15,000	材	一式
工事費合計					166,062		
諸経費（15％）					24,909		
合計金額					190,971		

数量を求めます（表4）。少量施工の場合は、使用する製品の梱包入数を確認し、ロスが大きい場合や、製品単価が高い場合などは施工数量（実際に使用する数量）や所要数量（ロスを見込んだ数量）で計算することも検討しましょう。この方法で工事費を算出した結果、合計金額は15％の諸経費を含んで約19万円となりました（表5）。8畳の室で試算しましたが、6～10畳程度であれば職人の手間（作業時間、必要人数）はそれほど変わらず、木製フローリングの張り替えに掛かる費用は15万～20万円程度が一つの目安といえるでしょう。

3-4　壁・天井クロスの貼り替え

(1) リフォームの留意点

　新築工事のクロス貼りでは発生しない、家具の移動・養生、スイッチ・コンセント・照明器具の取り外し、既存クロス撤去、傷んでいる石膏ボードの張り替えなどの作業が必要となり、手間もそれなりに掛かります。

　最近では部屋の壁1面に柄のあるアクセントクロスを用いるリフォームも人気があるようです。この場合は柄合わせの手間が増えます。

(2) 工程

　8畳程度の室で、大工が1名で1日半、クロス貼り職人1名で下地調整も入れて1日半、その他の作業（家具の移動、養生、片付け・清掃等）を入れて5日間の工程を組んでいます（表6）。傷んでいる石膏ボードを部分撤去した後に張る石膏ボードと、張り残した石膏ボードとの張り渡し部分に大工工事として横受け材を取り付ける必要があります。石膏ボードの撤去が必要ない場合は、全ての作業をクロス貼り職人だけで済ませることが出来ます。

▶表6　クロス貼り替え工事工程表

分類	作業内容	施工者	人工	1日目	2日目	3日目	4日目	5日目	6日目
仮設工事	家具移動・養生	大工・現場代理人	0.5人	■					
	養生（床・開口・枠等）	大工	1人		■				
撤去工事	スイッチ・コンセントプレート、照明取り外し				■				
	既存クロス撤去				■				
	下地チェック				■				
	傷んでいる石膏ボードを部分撤去					■			
据付工事	横受け材の取り付け	大工	1人			■			
	石膏ボード取り付け					■			
	パテ飼い、ペーパーがけ	内装工	1.5人				■		
	クロス貼り						■		
	仕上確認、補修							■	
	片付け・清掃	大工	0.5人					■	
予備日									■

▶表7　壁・天井面積の算出

■壁・天井面積

部位	数量算出	計算式	面積
内壁	壁周長×高さ	{(3.64×3)＋2.73＋(0.91×3)}×2.4	39.31
天井	天井面積	(3.64×3.64)＋(0.91×0.91)	14.07
		壁・天井面積合計	53.38

■開口面積

部位	幅（m）	高さ（m）	箇所	面積（m²）
外部	1.65	1.80	1	2.97
	0.74	0.50	1	0.37
内部	1.60	2.00	1	3.20
	0.70	2.00	1	1.40
		開口面積合計		7.94

■クロス貼り替え面積

部位	数量算出	計算式	面積	積算数量
クロス貼り替え部分	壁・天井面積合計－開口部面積合計	53.38－7.94	45.44	45.4 m²

▶表8　クロス貼り替え工事の積算

工事項目	規格・仕様	数量	単位	単価	金額	材工区分	拾い基準
家具移動、壁天井下地調整手間	大工	3.0	人日	24,300	72,900	工	所要人工
下地調整材料	石膏ボード・釘・雑材	1.0	式	10,000	10,000	材	一式
ビニルクロス貼り手間　壁・天井	内装工	1.5	人日	26,200	39,300	工	所要人工
ビニルクロス	一般品	45.4	m²	910	41,314	材	壁天井面積
工事費合計					163,514		
諸経費（15％）					24,527		
合計金額					188,041		

傷み具合：20～30％くらいの石膏ボードを部分取り替え。
幅木・廻り縁・建具枠・サッシ枠は既存残し。

(3) 工事費目安

　壁・天井の面積表（表7）を元に工事費を算出します。工事費は、諸経費を15％として約19万円となりました（表8）。ここでは原価3要素を用いて積算をしました。

3-5　内部建具の交換

(1) 内部建具の種類

　室内建具の納まりとして、固定枠とケーシング枠があります（図3）。わが国の住宅では、スッキリしたデザインの固定枠が多く使われています。重厚なデザインのケーシング枠は、洋風デザインの住宅に使用されています。

　室内建具の施工には大きく2つの方法があります。一つ目は、建具枠を大工が製作し取付けを行い、建具工事店が建具の採寸・製作・吊り込みを行う方法です。二つ目は、工場で生産された枠付き建具（メーカー製品）の建具枠の取付け・建具の吊り込みを大工が行う方法です。

　建具は、木製の枠に合板やOSBを張り、表面を塩ビシートやオレフィンシートで仕上げたものが主流です。突板や挽き板を使った製品や無垢材を使うこともあります。

　一時代前の住宅の内部建具は、沓摺（建具の下枠）が付いていましたが、バリアフリーと24時間換気が一般的になり、室内を常時通気させるために沓摺は取り付けないことが多くなりました。リフォームでドアの開閉取っ手をマルノブから高齢者が扱い易いレバーハンドルに交換する事が推奨されています。開閉が容易な「上吊り引き戸」（写真2）の提案も有効です。

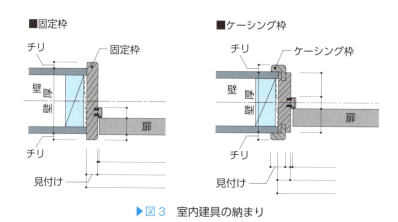

▶図3　室内建具の納まり

▶写真2　上吊り引き戸　（株）LIXIL

▶表9　内部建具交換工事工程表

作業内容		施工者		1日目	2日目
仮設工事	養生（床・開口・枠等）	大工	0.5人		
撤去工事	既存建具取り外し				
	既存建具枠取り外し				
据付工事	新規建具枠取り付け				
	新規建具取り付け				
	調整				
	片付け・清掃				
予備日					

(2) 工程

　内部建具の交換には次の2つの方法があります。一つ目は建具枠を残して、建具だけを交換する方法です。メーカー製品の場合、同じメーカーの同じサイズの建具へ交換する場合はこの方法で対応できますが、建具枠と建具の色合わせが必要になります。

　二つ目は建具枠、建具を共に交換する方法です。既存の建具のサイズを変更しない場合と変更する場合がありますが、いずれの方法も既存の建具の枠を外す必要があり、下地の状況によっては、石膏ボードや壁クロスの交換にまで工事が及ぶ場合があります。

　二つ目の方法の内、建具寸法を変更しない場合の工程表を掲載します（表9）。石膏ボードや壁クロスは既存のままとしています。大工の工程は半日程度を見込みました。

▶表10　内部建具交換工事の積算

工事項目	規格・仕様	数量	単位	単価	金額	材工区分	拾い基準
建具工事	大工	0.5	人日	24,300	12,150	工	所要人工
開き戸	化粧シート貼り　建具枠、金物類含む	1.0	セット	27,000	27,000	材	セット数
工事費合計					39,150		
諸経費（15%）					5,873		
合計金額					45,023		

（3）費用

工事費は表10の通りです。労務費は工程表から人工数を拾います。この事例では、建具のサイズと開きがリフォーム前後で変わらない仕様ですが、建具のサイズが変わる場合や、開き戸から引き戸に変更する場合は、作業時間が増えるケースもあるため、見積り時には工事工程の確認が欠かせません。

3-6　キッチンセットの交換

（1）キッチンの種類

キッチンセットの交換は、主婦の方達から最も多い要望の一つです。既存のキッチンの収納部分が開き扉となっていると古さを感じます。近年は引き出し方式の収納が主流で、機能の充実はもちろん、デザインもあか抜けています。シンクと作業台、ガス（IH）コンロが一体となったシステムキッチンへの交換が主流ですが、デザインや大きさ、機能性を自由に製作できるオーダーメイドキッチンも人気です。

キッチンのデザインや形状だけでなく、その配置によって使い勝手や空間のイメージは大きく変わります。最近では対面式の配置が人気です。キッチンセットの周りを回遊できるアイランド型キッチンセットを採用することも増えてきています（写真3）。より開放的な空間とするために吊戸棚を設けない場合は、代替となる収納を計画したり、アドバイスしたりするように心掛けましょう。

システムキッチンの価格は実勢で30万円程度から100万円を超えるものまで千差万別です。超高級システムキッチンでは、数百万円になる製品もあります。

3-6 キッチンセットの交換

▶写真3　アイランド型キッチン　(株)TOTO

▶表11　キッチンセット交換工事工程表

作業内容		施工者		1日目	2日目	3日目	4日目	5日目	6日目	7日目
仮設工事	養生（床・開口・枠等）	大工（代人）	0.5人							
撤去工事	給水つなぎ撤去・プラグ止め	水道工事業者	0.5人							
	給湯管撤去									
	排水つなぎ撤去・蓋取り付け									
	電気通電止め	電気工事業者	0.5人							
	ガス配管止め	ガス工事会社	0.5人							
	既存キッチンセット撤去	解体業者	1人							
	タイル撤去									
据付工事	壁下地（石膏ボード）張り替え	大工	0.5人							
	壁クロス貼り替え	内装工	0.5人							
	新規キッチンセット据え付け	キッチン工事業者	0.5人							
	キッチンパネル取り付け									
	給水・給湯・排水つなぎ	水道工事業者	0.5人							
	レンジフード結線	電気工事業者	0.5人							
	電気配線工事									
	ガス配管つなぎ	ガス工事会社	0.5人							
	片付け・清掃	大工（代人）	0.5人							
予備日										

(2) 工程

　壁下地（石膏ボード）の張り替えも含めて6日間の工程を組んでいます（表11）。特徴的なのは、短い工期の中で、キッチンという狭い空間に7職種もの多数の職種が入れ代わり立ち代わり登場することです。解体工事は、設備配管・電気配線・ガス配管の撤去が先行します。各職種の作業工程を管理しないと、後工程の職種の手待ちが発生してしまいますので、時間単位の工程管理が必要となります。

3-6 キッチンセットの交換

▶表12 キッチンセットの交換工事の積算

工事項目	規格・仕様	数量	単位	単価	金額	材工区分	拾い基準
【仮設工事】							
養生	床・開口部・枠等	0.5	人日	24,300	12,150	工	所要人工（大工）
小計					12,150		
【撤去工事】							
配管工事	給水・排水つなぎ、給湯管撤去	0.5	人日	20,900	10,450	工	所要人工（配管工）
電気工事	電気通電止め	0.5	〃	23,700	11,850	工	所要人工（電工）
ガス工事	ガス配管止め	1.0	式	15,000	15,000	工	一式
キッチン設備解体	既存キッチンセット、タイル撤去、処分費含む	1.0	〃	40,000	40,000	材工	一式
小計					77,300		
【据付工事】							
新規キッチン据え付け		1.0	式	94,500	94,500	工	一式
新規キッチンセット	L2550㎜	1.0	セット	630,000	630,000	材	セット数
その他資材	壁下地、クロス等	1.0	式	30,000	30,000	材	一式
壁下地張り・片付け・清掃	大工	1.0	人日	24,300	24,300	工	所要人工（大工）
壁クロス貼り	内装工	0.5	〃	26,200	13,100	工	所要人工（内装工）
配管工事	給水・給湯・排水つなぎ	0.5	〃	20,900	10,450	工	所要人工（配管工）
電気工事	レンジフード結線、通気通電	0.5	〃	23,700	11,850	工	所要人工（電工）
ガス工事	ガス配管つなぎ	1.0	式	15,000	15,000	工	一式
小計					829,200		
工事費合計					918,650		
諸経費（15%）					137,798		
合計金額					1,056,448		

開口位置変更なし。給排水・ガス・電気設備は既存利用。
キッチンセットの据え付けは専門業者とし、キッチン価格の15%とした。

(3) 工事費の算出

　工事費は表12の通りです。新規のキッチンセットは中級品（定価90万円）の30%引きとし、据付手間は、キッチンセットの値入れ金額の15%にしました。合計金額はおよそ1,070,000円となりました。原価3要素の割合は、材料費が60%（キッチンセット＋その他資材）、工賃が25%、経費が15%です。概念的にはシステムキッチンの定価の10～20%増しの金額が、キッチンセットの交換に係る見積金額といったところでしょうか。

3-7　在来浴室からシステムバスへの交換

(1) リフォームの留意点

　古いタイル張りの浴室（在来浴室）から、清潔で快適なシステムバスへの交換は、近年多く行われています。システムバスの配管スペースとして、床下に200 mm程度のフトコロが必要です。洗面・脱衣室との間に段差が生じないような製品を選定する必要があります。古いシステムバスは冬に底冷えするものもありましたが、現在では断熱材や保温材を装着したシステムバスが標準になっています。設置時には施主に浴室乾燥の要否も確認しておきたいところです。

　浴室リフォームでは浴室を一回り大きくすることもありますが、ここでは1坪の在来浴室から同じ広さの段差を解消したシステムバスに交換する場合（図4）の工程と工事費を算出しました。

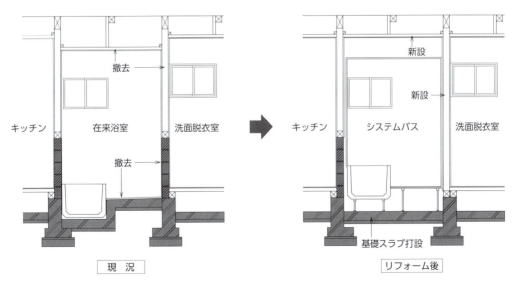

▶図4　システムバスへの交換

▶表13 システムバス工事工程表

作業内容		施工者		1日目	2日目	3日目	4日目	5~7日目	8日目	9日目	10日目	11日目	12日目
仮設工事	養生（床・開口・枠等）	大工	0.5人	■									
撤去工事	水栓撤去・給水給湯管プラグ止め	水道工事業者	0.5人		■								
	電気通電止め	電気工事業者	0.5人		■								
	間仕切り壁解体	解体工事業者	2人			■							
	壁・床タイル撤去					■							
	バスタブ撤去					■							
	天井撤去					■							
	既存床土間コンクリート・盛土撤去					■							
据付工事	基礎スラブ工事	基礎工事業者	1人				■	養生					
	給水管・排水管設置	水道工事業者	0.5人						■				
	電気配線工事	電気工事業者	0.5人						■				
	壁・天井下地（石膏ボード張り）	大工	0.5人						■				
	システムバス組み立て	メーカー代理店	1人							■			
	間仕切り壁設置（石膏ボード張り）	大工	0.5人								■		
	水栓取り付け	水道工事業者	0.5人								■		
	給水給湯管つなぎ										■		
	照明・換気扇設置	電気工事業者	0.5人									■	
	洗面室側クロス貼り	内装工事業者	0.5人									■	
	作動・水漏れテスト、片付け・清掃	現場代理人	0.5人									■	
予備日													■

（2）工程

　工期は11日間程度かかります。職種は7業種に及び、きめ細かい工程管理が必要となります。給排水・電気工事に関しては、解体工事、システムバス据え付け前、据え付け後の3工程でそれぞれ短時間の作業が発生します。

　解体工事では、給排水・給湯管、電気配線の撤去を行います。次に間仕切り壁、壁・床タイル、バスタブ、天井、土間コン・かさ上げ盛土の撤去を行います。

　今回の工事では基礎スラブを新たに打設します。以降、表13の工程に従ってシステムバスの据え付けを行います。

（3）工事費の算出

　システムバスは定価80万円の中級品とし、単価を定価の30％引きとしています。据付手間代は、この金額の15％としました。工事費合計は約105万円となり、工事費15％を諸経費として加算すると、合計金額がおよそ120万円となります（表14）。

　工事費合計のうち、システムバスの材料費が占める割合は合計金額の約50％、その他で50％程度となります。在来浴室からシステムバスへの交換だと基礎工事などの手間が

▶表14　システムバス工事の積算

工事項目	規格・仕様	数量	単位	単価	金額	材工区分	拾い基準
【仮設工事】							
仮設工事	養生（床・開口・枠等）	0.5	人日	24,300	12,150	工	所要人工（大工）
小計					12,150		
【撤去工事】							
配管工事	給水・給湯・排水管プラグ止め	0.5	人日	20,900	10,450	工	所要人工（配管工）
電気工事	電気通電止め	0.5	〃	23,700	11,850	工	所要人工（電工）
浴室解体		1.0	式	150,000	150,000	材工	一式
小計					172,300		
【据付工事】							
基礎スラブ工事		3.3	m²	30,000	99,000	材工	
新規システムバス据え付け	システムバス組み立て	1.0	式	84,000	84,000	工	一式
新規システムバス	システムバスセット	1.0	セット	560,000	560,000	材	セット数
その他資材	間仕切軸組材、石膏ボード、クロス等	1.0	式	50,000	50,000	材	一式
間仕切壁設置	石膏ボード張り	1.0	人日	24,300	24,300	工	所要人工（大工）
壁クロス貼り	洗面室側	0.5	〃	26,200	13,100	工	所要人工（内装工）
配管工事	給水・給湯・排水管つなぎ	1.0	〃	20,900	20,900	工	所要人工（配管工）
電気工事	電気配線・照明器具・換気扇設置工事	1.0	〃	23,700	23,700	工	所要人工（電工）
小計					875,000		
工事費合計					1,059,450		
諸経費（15%）					158,918		
合計金額					1,218,368		

システムバスのFLの調整はシステムバス側脚束で行う。
システムバスの施工はメーカー代理店とし、システムバス価格の15%とした。
洗面室側の間仕切壁は後施工とした（石膏ボード張りで立おこし）。

増える分、システムバスの材料費の割合が合計の半分程度となりますが、システムバスからシステムバスへの交換だと、システムバスの材料費が合計の60%程度を占めることになります。見積りを出す際の目安として、労務費と材料費のバランスを頭に入れておくと良いでしょう。

3-8　洗面化粧台の交換

(1) リフォームの留意点

　洗面器・収納・鏡がユニットになった工場生産の洗面化粧台が普及していますが、最近ではデザイン性のある洗面ボールを使った現場組立の洗面台も人気があります。1990年頃には洗髪機能付きの洗面化粧台が流行しましたが、最近の製品ではあまり見かけません。洗面化粧台は使用頻度が高く、使用する時間帯も重なりやすいため、2ボールにするなどの家族構成に応じた設備と機器を選択することがポイントです。

　洗面化粧台の交換の際には、洗面室全体のリフォームを検討する良い機会です。洗濯機置き場のスペース、洗濯物の出し入れや収納などの家事のしやすさ、さらにはヒートショックの予防対策など、考慮すべき点は多くあります。

▶表15　洗面化粧台工事工程表

作業内容		施工者		1日目	2日目
仮設工事	養生（床・開口・枠等）	水道工事業者	1人		
撤去工事	給水つなぎ撤去・プラグ止め				
	給湯管撤去				
	排水つなぎ撤去・蓋取り付け				
	洗面化粧台撤去				
据付工事	新規洗面化粧台据え付け				
	給水・給湯・排水つなぎ				
	作動・水漏れテスト、片付け・清掃				
予備日					

▶表16　洗面化粧台交換工事の積算

工事項目	規格・仕様	数量	単位	単価	金額	材工区分	拾い基準
洗面化粧台交換工事	洗面化粧台撤去、取り付け	1.0	人日	20,900	20,900	工	所要人工
洗面化粧台	L1200㎜	1.0	セット	140,000	140,000	材	セット数
処分費		1.0	式	20,000	20,000	材工	一式
工事費合計					180,900		
諸経費（15%）					27,135		
合計金額					208,035		

給水・給湯・排水・電気は既存利用とした。

(2) 工程

洗面化粧台の交換だけであれば、1日程度で作業が完了します（表15）。

(3) 工事費の算出

洗面化粧台の金額を定価20万円の30％引きとしました。据付工事を加算した合計金額は、208,000円程度となり、洗面化粧台の定価にほぼ近い金額になりました（表16）。

3-9　便器の交換

(1) 便器の種類

便器の機能やデザインも日進月歩で進化しています。洋風便器の洗浄方式は「サイホンゼット式」が主流になり、従来の「先落とし式」よりも水たまりが広いので汚物が付着しにくくなっています。温水洗浄便座は1990年頃から使用され始めましたが、最近では温水洗浄便座一体型のタンクレス便器も、スペースが広く取れてすっきりとしたデザインで人気があります。節水型・超節水型（洗浄水量4.5ℓ以下）も採用されています。

排水の方式としては、床排水方式と壁排水方式があります。現在の便器を交換するだけであれば、同じ排水方式の便器を用いるのが原則です。木造住宅では、一般的には床排水方式が採用されています。

▶表17　便器交換工事工程表

作業内容		施工者		1日目	2日目
仮設工事	養生（床・開口・枠等）	水道工事業者	0.5人		
撤去工事	給水つなぎ撤去・プラグ止め				
	排水つなぎ撤去・蓋取り付け				
	便器撤去				
据付工事	新規便器据え付け				
	給水・排水つなぎ				
	作動・水漏れテスト、片付け・清掃				
予備日					

▶表18　便器交換工事の積算

工事項目	規格・仕様	数量	単位	単価	金額	材工区分	拾い基準
便器交換工事	便器撤去、据え付け	0.5	人日	20,900	10,450	工	所要人工
洋風便器	温水洗浄便座一体型便器	1.0	セット	105,000	105,000	材	セット数
処分費		1.0	式	5,000	5,000	材工	一式
工事費合計					120,450		
諸経費（15%）					18,068		
合計金額					138,518		

給水・給湯・排水・電気は既存利用とした。
排水位置の変更は無し。
内装工事は対象外。

(2) 工程

便器の交換作業は約半日で終わります（表17）。排水アジャスターで既存の排水芯に対応できれば、排水管の移設工事や床・壁工事が不要のため、作業時間が短縮されて費用を低く抑えることが可能です。トイレ室内にコンセントがない場合は、別途配線工事が必要です。

(3) 工事費の算出

便器は、定価15万円の洗浄便器とし金額を30%引きの105,000円としました。撤去工事と据付工事の諸経費を含んだ合計金額は、約14万円となります（表18）。

3-10　屋根の葺き替え

(1) 屋根葺き材とルーフィング材

屋根葺き材に化粧スレートを使用した場合、新築から20年経過位までは、再塗装工事を行うことにより防水性を維持できますが、25年から30年程度経つと化粧スレート板だけではなく、ルーフィング材の劣化による雨漏りが危惧されます。屋根はルーフィング材で防水しています。屋根葺き材は、防水層であるルーフィングを太陽からの灼熱や風による飛散物、風雨による劣化から保護する役割があります。ここでは、経年劣化した化粧スレート材とルーフィングの交換を取り上げました。

化粧スレートは、セメントを主材料とした材料を高圧プレスし、表面に塗装した屋根葺き材料です。2000年頃までの製品は、微量のアスベストを含有していましたが、現在の

製品には含有されていません。かつては、塗装の色落ちが激しく、10年程度で屋根が真っ白になってしまう事もありましたが、現在の製品は塗料の耐候性が増してきました。

ルーフィング材は、紙や不織布にアスファルトを含浸させたアスファルトルーフィングが使われてきました。この製品は、耐用年数が20年程度といわれていますが、長い年月、熱や寒さの影響下にあると脆くなってしまい、防水層としての役割が果たせなくなってしまいます。最近は、木造住宅でも製品改良されたゴムアス系のルーフィング（改質アスファルトルーフィング）が使われるようになってきました。これは基材（紙、不織布）に含侵させるアスファルトに合成ゴムを添加することで、高温性状や低温性状を高めた製品で、30年の耐用年数が見込まれる製品も開発されています。また、釘やビスの打ち込み箇所のルーフィング材の追従性が高く（ゴムの特性で打込み穴が締まる）、アスファルトルーフィングに比べて雨漏りを防ぐ性能も高い製品です。屋根の葺き替えに際しては、ゴムアス系のルーフィングへの交換も重要です。

(2) 工程

微量のアスベストが含有されている2000年頃までの化粧スレート系の屋根葺き材は、散水をしながら割れないように丁寧に撤去する必要があります。屋根葺き材だけではなく、アスファルトルーフィングをゴムアス系ルーフィングに交換します。流れ方向（上下）は100mm以上、長手方向（左右）は200mm以上重ね合わせます（図5）。

屋根の葺き替えの工程表は図6の通りです。

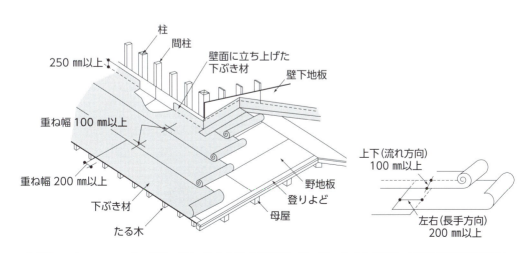

▶図5　ルーフィングの敷設（独）住宅金融支援機構「【フラット35対応】木造住宅工事仕様書」

3-10　屋根の葺き替え

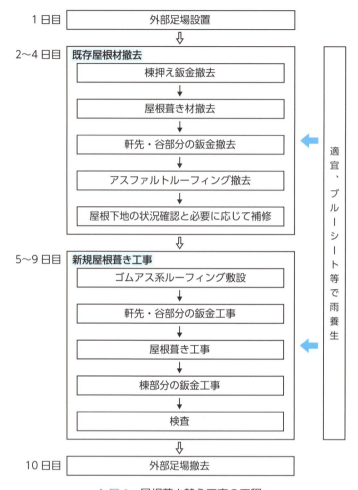

▶図6　屋根葺き替え工事の工程

▶写真4　ルーフィングの交換

(3) 工事費の算出

仮設養生費用と化粧スレート屋根の葺き替え工事の諸経費を含めた合計金額は、約127万円となります（表19）。工程中の雨養生費用や撤去した化粧スレート材の産業廃棄物処分費用は忘れずに計上しましょう。

屋根の葺き替えに限らず既存の撤去が伴う工事では、撤去材の発生量を確認した上で、仮置き場や搬出計画を十分に検討し、現場状況に応じて必要であれば別途費用を計上する場合もあります。また、既存屋根材を撤去した際に野地板にも劣化、損傷等が見られた場合には、施主に報告し、追加費用も含めて了解を得たうえで必要な処置を行いましょう。リフォーム工事においては、このような追加工事、費用について契約前や着工前に十分に説明して、実際に必要となった際には速やかに報告を行い、施主の理解や了解を得ておくことが、トラブルを未然に防ぐために大変重要となります。

▶表19　屋根葺き替え工事の積算

工事項目	規格・仕様	数量	単位	単価	金額	材工区分	拾い基準
【仮設工事】							
外部足場工事	くさび緊結式ブラケット一側足場	312.1	m²	470	146,687	材工	足場架け面積
メッシュシート工事	防炎一類	312.1	〃	230	71,783	材工	足場架け面積
屋根足場工事	屋根勾配5寸以上の場合計上	84.8	〃	450	38,160	材工	屋根面積
小計					256,630		
【解体工事】							
屋根材撤去	化粧スレート	84.8	m²	1,180	100,064	材工	屋根面積
産業廃棄物処理		1.0	式	50,000	50,000	工	一式
雨養生	ブルーシート	84.8	m²	200	16,960	材工	屋根面積
小計					167,024		
【新規屋根工事】							
下葺き	改質アスファルトルーフィング	84.8	m²	1,320	111,936	材工	屋根面積
鈑金工事	ケラバ部水切り	17.0	m	2,460	41,820	材工	延長さ
鈑金工事	棟押え鈑金	10.0	〃	2,560	25,600	材工	延長さ
新規屋根葺き工事	化粧スレート	84.8	m²	6,000	508,800	材工	屋根面積
小計					688,156		
工事費合計					1,111,810		
諸経費（15%）					166,772		
合計金額					1,278,582		

3-11 窯業系サイディングからガルバリウム鋼板の外壁材への交換

(1) 材料

　窯業系サイディングは、セメント繊維質材料を高温・高圧で成形した基板の表面を塗装したものです。1990年代までの製品は、微量のアスベストが含有されていたものもありました。留め付け方法は、釘打ち工法（板厚12～14㎜）と金具留め工法（板厚15㎜以上）があります。いずれの工法にしても壁体内に通気を確保するように留意しなければなりません。表面塗膜が劣化すると防湿性が損なわれ、シーリングの劣化は雨水の浸入の原因となりますので、定期的な外壁再塗装とシーリングの打ち替えが必要です。これらのメンテナンスは10年が目安でしたが、現在の製品は改良がなされ、15年程度の高耐久製品が使われるようになってきました。

　厚さ12～14㎜の釘止めの窯業系サイディングは、経年変化で波打ってしまうことがあります。その場合、新しいサイディングに張り替えることになります。最近は、デザイン性が良く耐候性も高いガルバリウム鋼板外壁材への交換が行われるケースがあります。

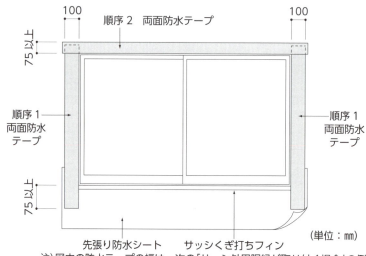

▶図7　開口部廻りの防水（独）住宅金融支援機構「【フラット35対応】木造住宅工事仕様書」

(2) 工程

既存の胴縁、防水シートに劣化や破損が見られなければそのまま利用しますが、傷んでいる場合は交換します。その際に留意しなくてはいけないのは防水シートの重ね合わせと、窓廻りの防水施工の順番です。防水シートの継ぎ目は縦（上下）が90mm以上、横（左右）が150mm以上の重ね合わせが基本です。先張り防水シートをまず初めに貼り、防水テープは、横・上の順番に貼って行きます（図7）。外壁材の交換工事の工程を図8に示しました。

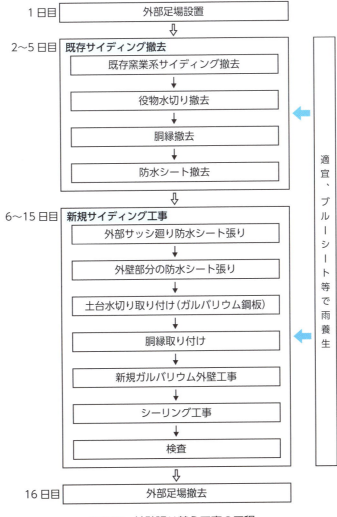

▶図8　外壁張り替え工事の工程

3-11 窯業系サイディングからガルバリウム鋼板の外壁材への交換

(3) 費用

　外壁材の交換の工事費見積りの際には、仮設足場の見積りを忘れずに含めます。工事に先立ち、安全を確保しておくことは何よりも重要なことです。モデルプランの外壁交換工事の費用は表20の通り、260万円程度になります。

▶表20　外壁張り替え工事の積算

工事項目	規格・仕様	数量	単位	単価	金額	材工区分	拾い基準
【仮設工事】							
外部足場工事	くさび緊結式ブラケット一側足場	312.1	m²	470	146,687	材工	足場架け面積
メッシュシート工事	防炎一類	312.1	〃	230	71,783	材工	足場架け面積
小計					218,470		
【解体工事】							
既存外壁撤去	普通作業員	6.0	人日	19,700	118,200	工	所要人工
産業廃棄物処理		1.0	式	50,000	50,000	工	一式
雨養生	ブルーシート	185.3	m²	200	37,060	材工	外壁面積
小計					205,260		
【新規外壁工事】							
防水シート	透湿防水シート	185.3	m²	460	85,238	材工	外壁面積
胴縁張り		185.3	〃	500	92,650	材工	外壁面積
土台水切り	ガルバリウム鋼板	31.9	m	1,910	60,929	材	延長さ
ガルバリウム外壁	同上	185.3	m²	4,690	869,057	材	外壁面積
同上サイディング張り		185.3	〃	3,270	605,931	工	外壁面積
シーリング	窓廻り含む	185.3	〃	880	163,064	材工	外壁面積
小計					1,876,869		
工事費合計					2,300,599		
諸経費（15%）					345,090		
合計金額					2,645,689		

第4章
性能向上リフォーム工事の見積書作成のポイント

　現在の住宅の安全性・居住性等の水準は、一時代前に比べると飛躍的に向上しています。性能向上リフォーム工事とは、旧来の性能水準の住宅を現在の性能水準と同等のレベルにまで引き上げることです。定期的なメンテナンス工事を行えば建物の維持はできますが、メンテナンス工事だけでは年々快適性や省エネ性能が上がっている現在の住宅の水準にまで性能を高めることはできません。いつかは性能向上のためのリフォーム工事に結び付きます。

　本章では、代表的な性能向上リフォームとして、省エネ改修工事、バリアフリー工事、耐震改修工事を取り上げます。

4-1　省エネ改修工事

(1) 省エネ改修の推移と対策

　新省エネ基準、次世代省エネ基準、平成25年基準、平成28年基準と新築住宅に求められる水準は年々高くなってきています（表1）。特に平成25年基準からは、低炭素社会への対応を踏まえ、外皮*の断熱性能だけでなく一次エネルギー消費量**を合算した省エネ性能が求められています。さらに、平成32（2020）年度にはすべての新築住宅において省エネルギー基準への適合が義務化される予定となっています。

　平成25年以降の基準における外皮性能は各戸計算によって求めるため、建物の形状等によって多少の違いはありますが、満たすべき仕様は次世代省エネ基準と同程度となっています。省エネ改修工事に求められる性能水準も新築同様に高まってきていますが、住まいの快適性（熱い・寒いの感覚）は主観的な部分が大きく、どこまで性能を向上させるかが一つのポイントです。断熱性能が低い既存住宅では、今日的な断熱性能の要求に呼応し、部位別の断熱仕様が明確に規定されている次世代省エネ基準程度を達成することが目標となります。

*外皮：外壁、窓、屋根、床下等、建物の外周部
**一次エネルギー消費量：冷暖房、空調（換気）、給湯、照明機器の消費エネルギーを熱量換算したものの合計値（ただし、太陽光発電等の創エネルギーは差し引く）

▶表1　省エネ基準の変遷

年号	呼称	概要	断熱性能等級
昭和55年（1980年）	旧省エネ基準	住宅の省エネ基準の制定（断熱性能、日射取得量）	2
平成4年（1992年）	新省エネ基準	各構造の断熱性能の強化　Ⅰ地域での気密住宅の適用	3
平成11年（1999年）	次世代省エネ基準	躯体断熱性能の強化　全地域を対象に気密住宅を前提　計画換気、暖房設備等に関する規定の追加	4
平成25年（2013年）	平成25年基準	断熱性能、日射取得量に関する規定の改正　一次エネルギー消費量に関する規定追加	4
平成28年（2016年）	平成28年基準	対応する法律の制定「建築物のエネルギー消費性能の向上に関する法律」	4

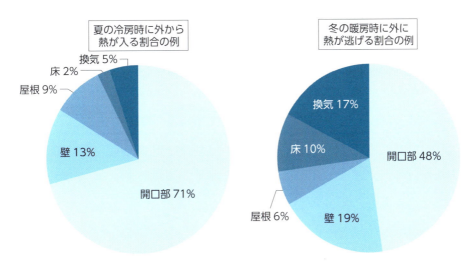

▶図1　住宅の部位別熱損失（平成4年省エネ基準レベルの断熱性能の住宅での計算例）
経済産業省、資源エネルギー庁

　1990年頃の建物（新省エネ基準相当）の外周部からの部位別の熱損失を図1に示しました。夏も冬も最も熱損失の大きい部位は開口部（窓）です。特に夏は、71％もの熱を窓から損失していることになります。これは日射熱による影響が大きく、夏の熱損失を低く抑えるためには、断熱性能に加えて遮熱性能まで考慮したLow-Eガラスなどの検討が必要となります。

　開口部の次に熱損失が大きい部位は外壁となり、以下は季節によって異なります。省エネ改修工事においては、施主が不快・不便に感じている季節に応じて熱損失の大きい部位に優先順位をつけ、断熱改修による効果と工事費用のバランスを考えながらリフォームの提案を行うことが重要となります。

　次から、窓の断熱改修と断熱材を用いた省エネ改修工事の方法と見積例を紹介していきます。最近の住宅では、開口部に複層ガラスを装着した断熱サッシが一般化しています。一方、窓の断熱改修では、比較的気軽にできる省エネ改修工事として、インナーサッシの取り付けやガラスの複層化が多く行われるようになってきました。外壁に関しては充填する断熱材のグレードが近年高くなってきましたが、それでも夏の夜の2階寝室の暑さによる寝苦しさが解消されていない場合もあり、屋根面の断熱改修工事も多く行われています。

(2) 窓の断熱改修

窓の断熱改修の種類を表2、図2にまとめました。次から43頁のモデルプランの1階リビングとダイニングの2カ所の掃出しサッシをそれぞれの方法で断熱改修した場合の工事費を見ていきましょう。

①インナーサッシの取り付け

インナーサッシ（内窓）の取り付けは、最も手軽で費用も少なく、断熱効果が高い方法です（写真1、表3）。工事も1日程度で終わるので、窓の断熱改修では推奨できる方法です。ただし、窓の開閉が複数回必要となります。

②複層ガラスへの交換

複層ガラスへの交換は、比較的多く行われています（表4）。厚さ6.2 mmの真空ガラス（ガラス3 mm＋真空層0.2 mm＋ガラス3 mm）が製品化されていて（図3）、既存のサッシ障子のガラスの溝にアタッチメントを使って、そのままはめ込むことが出来ます。ただし、

▶表2 窓の改修工事

種別	内容	施工	1カ所当たりの目安金額
①インナーサッシ取り付け	室内にサッシを追加する	容易	10万円/カ所
②複層ガラスへ交換	ガラスのみの交換	容易	15万円/カ所
③断熱サッシへ交換	枠ごと交換（外壁撤去を伴う）	大がかり	40万円/カ所
④カバー工法	カバー枠の取り付け	比較的容易	20万円/カ所

※目安金額：幅1.6×高2.0 mの掃出しサッシを想定。

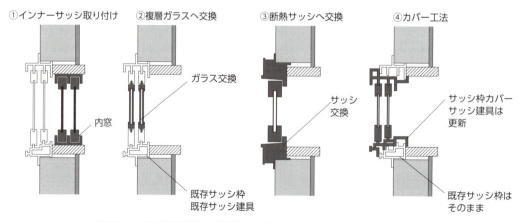

▶図2 窓の断熱改修の種類（一社）木を活かす建築推進協議会「平成28年度 住宅省エネルギー技術講習 基本テキスト」

4-1　省エネ改修工事

▶写真1　インナーサッシの例、インプラス　（株）LIXIL

▶表3　内窓設置工事の積算

工事項目	規格・仕様	数量	単位	単価	金額	材工区分	拾い基準
インナーサッシ	内窓樹脂サッシ　16520	2.0	カ所	77,000	154,000	材	箇所数
インナーサッシ取り付け	サッシ工	1.0	人日	24,300	24,300	工	所要人工
工事費合計					178,300		
諸経費（15%）					26,745		
合計金額					205,045		

幅1650×高2000㎜の掃出しサッシ、2カ所。

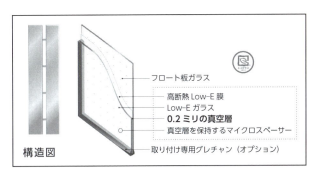

▶図3　真空ガラス（スペーシア）構造図　（株）日本板硝子

▶表4　ガラス交換工事の積算

工事項目	規格・仕様	数量	単位	単価	金額	材工区分	拾い基準
新規ガラス	Low-E 真空ガラス6.2㎜　16520	2.0	カ所	90,000	180,000	材	箇所数
ガラス入れ替え	ガラス工　既存ガラス撤去費用含む	1.0	人日	23,600	23,600	工	所要人工
産業廃棄物処理		1.0	式	10,000	10,000	工	一式
工事費合計					213,600		
諸経費（15%）					32,040		
合計金額					245,640		

幅1650×高2000㎜の掃出しサッシ、2カ所。

第4章●性能向上リフォーム工事の見積書作成のポイント

ガラス自体の断熱性能は改善され結露もなくなりますが、古いサッシの場合、サッシ障子枠の断熱性能が低いので、複層ガラスに交換するとサッシ障子枠に結露が発生することがあります。また、サッシの気密性能が低い場合、冬の屋外の冷たい空気、灼熱の夏の空気が室内に吹き込み、期待したほどの効果が出ない場合もあります。

③断熱サッシへの交換

　窓の断熱改修の中で最も高い断熱性能が期待できるのは、断熱サッシへの交換ですが、既存のサッシ枠を撤去するために窓廻りの外壁モルタルや外壁サイディング材を撤去することが必要になります。足場の架設が必要となる場合も多くあります。そして、新規のサッシ枠を取り付けた後に、サッシ枠廻りの防水テープと外壁モルタルなどの再施工を行います。次の工程の外壁再塗装工事は、施工したサッシ廻りだけに塗装を行うと既存外壁面との色の違いが目立つこともあり、外壁一面の再塗装を行う場合もあります（表5）。このように断熱サッシへの交換は、工期・費用とも膨大となるため、耐震補強工事や間取りの変更を伴う大規模なリフォーム工事に併せて行われるケースが多いようです（図4、写真2）。

▶図4　サッシ交換工事の工程

▶写真2　断熱サッシへの交換

▶表5　サッシ交換工事の積算

工事項目	規格・仕様	数量	単位	単価	金額	材工区分	拾い基準
【解体工事】							
既存外壁撤去	普通作業員	1.0	人日	19,700	19,700	工	所要人工
産業廃棄物処理		1.0	式	30,000	30,000	工	一式
小計					49,700		
【新規断熱サッシ取り付け】							
アルミ樹脂複合サッシ	16520	2.0	カ所	74,510	149,020	材	箇所数
サッシ枠取り付け	サッシ工	0.5	人日	24,300	12,150	工	所要人工
防水シート・窓廻り防水テープ	アスファルトフェルト430	1.0	式	10,000	10,000	材工	一式
メタルラス張り	波型ラス	1.0	〃	10,000	10,000	材工	一式
モルタル塗り	2回塗り	1.0	〃	60,000	60,000	材工	一式
外壁塗装	ローラー塗　シーラー+2回塗り	1.0	〃	40,000	40,000	材工	一式
小計					281,170		
工事費合計					330,870		
諸経費（15%）					49,631		
合計金額					380,501		

幅1650×高2000mmの掃出しサッシ、2カ所。
外壁塗装は、施工開口部廻りのみとした。

④カバー工法

今後の普及が期待されているのは、カバー工法と呼ばれる方法です（写真3）。既存の障子を外した後に新たなカバー工法用のサッシ枠で既存のサッシ枠をカバーし、複層ガラスをはめ込んだ断熱性能の高いサッシ障子を装着します。

この方法は、既存の窓廻り外壁モルタルなどの撤去を行わずに断熱サッシを取り付けることができます。また、製品によっては室内側からのみ施工が可能なものや、既存枠の一部を切断することで生じる段差が軽減できるものなどもあります。次々と新しい製品が開発されますので、製品情報の取得や整理を怠らない努力が必要です。

いずれの製品を採用するにしても、カバーしたサッシ枠やモールの分、見付けが厚くなりますので、外観、及びインテリアの雰囲気への影響に留意する必要があります（表6）。

▶写真3　カバー工法の例、リフレムⅡ　（株）LIXIL

▶表6　カバー工法の積算

工事項目	規格・仕様	数量	単位	単価	金額	材工区分	拾い基準
既存サッシ撤去	障子（ガラス含む）のみ	2.0	カ所	5,000	10,000	工	箇所数
アルミサッシ（カバー工法用枠含む）	16520	2.0	〃	81,400	162,800	材	箇所数
サッシ取り付け	カバー工法　コーキング含む	2.0	〃	28,500	57,000	工	箇所数
工事費合計					229,800		
諸経費（15%）					34,470		
合計金額					264,270		

幅1650×高2000 mmの掃出しサッシ、2カ所。

(3) 断熱材の充填

　断熱材の充填箇所を図5に、種類を表7にまとめました。断熱材の形状はフェルト状、ボード状、吹込み系、現場発泡吹付系に大別されます。A-1種からF種の順に断熱性能が高くなります。一般地では、C種・D種の断熱材が使用されることが多いと思われます。独立行政法人住宅金融支援機構が設定している断熱材の種別と厚さを表8に掲載しました。

　現在、リフォームでは、快適性と省エネ性能の観点から次世代省エネ（断熱性能等級4）相当の断熱性能が求められています。本書の事例では、6地域（東京）で工事費を算出していきますが、壁（外壁）断熱材のC種の厚みは、5・6地域では旧省エネ相当で25㎜、次世代省エネ相当で90㎜と大きな差があります。

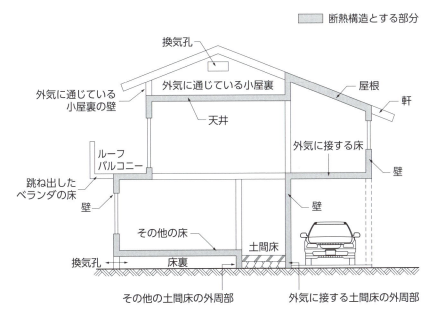

▶図5　断熱材の充填箇所（独）住宅金融支援機構「【フラット35対応】木造住宅工事仕様書」

▶表7　記号別断熱材の種類と規格（独）住宅金融支援機構「【フラット35対応】木造住宅工事仕様書」

記号	断熱材の種類
A-1 λ＝0.052～0.051	吹込み用グラスウール 13K 相当、18K 相当 インシュレーションファイバー断熱材（ファイバーボード） 建材畳床（Ⅲ形）
A-2 λ＝0.050～0.046	グラスウール断熱材 10K（10-50、10-49、10-48） 高性能グラスウール断熱材 10K（HG10-47、HG10-46） 吹込み用ロックウール 25K 相当 建材畳床（K、N 形）
B λ＝0.045～0.041	グラスウール断熱材 12K（12-45、12-44）、16K（16-45、16-44）、20K（20-42、20-41） 高性能グラスウール断熱材 10K（HG10-45、HG10-44、HG10-43）、12K（HG12-43、HG12-42、HG12-41） ロックウール断熱材（LA、LB、LC） ビーズ法ポリスチレンフォーム断熱材 4 号 ポリエチレンフォーム断熱材 1 種 1 号、2 号
C λ＝0.040～0.035	グラスウール断熱材 20K（20-40）、24K（24-38）、32K（32-36）、40K（40-36）、48K（48-35）、64K（64-35） 高性能グラスウール断熱材 14K（HG14-38、HG14-37）、16K（HG16-38、HG16-37、HG16-36）、20K（HG20-38、HG20-37、HG20-36、HG20-35）、24K（HG24-36、HG24-35）、28K（HG28-35）、32K（HG32-35） インシュレーションファイバー断熱材（ファイバーマット） 吹込み用グラスウール 30K 相当、35K 相当 ロックウール断熱材（LD、MA、MB、MC、HA、HB） ビーズ法ポリスチレンフォーム断熱材 2 号、3 号 押出法ポリスチレンフォーム断熱材 1 種（b（A、B、C） ポリエチレンフォーム断熱材 2 種 吹込み用セルロースファイバー25K 相当、45K 相当、55K 相当 フェノールフォーム断熱材 2 種 1 号（AⅠ、AⅡ）、3 種 1 号（AⅠ、AⅡ） 建築物断熱用吹付け硬質ウレタンフォーム A 種 3 吹込み用ロックウール 65K 相当
D λ＝0.034～0.029	グラスウール断熱材 80K（80-33）、96K（96-33） 高性能グラスウール断熱材 20K（HG20-34）、24K（HG24-34、HG24-33）、28K（HG28-34、HG28-33）、32K（HG32-34、HG32-33）、36K（HG36-34、HG36-33、HG36-32、HG36-31）、38K（HG38-34、HG38-33、HG38-32、HG38-31）、40K（HG40-34、HG40-33、HG40-32）、48K（HG48-33、HG48-32、HG48-31） ロックウール断熱材（HC） ビーズ法ポリスチレンフォーム断熱材 1 号 押出法ポリスチレンフォーム断熱材 2 種（b（A、B、C）） フェノールフォーム断熱材 2 種 2 号（AⅠ、AⅡ） 硬質ウレタンフォーム断熱材 1 種 ポリエチレンフォーム断熱材 3 種 建築物断熱用吹付け硬質ウレタンフォーム A 種 1、A 種 2
E λ＝0.028～0.023	押出法ポリスチレンフォーム断熱材 3 種（a（A、B、C）、b（A、B、C）） 硬質ウレタンフォーム断熱材 2 種 1 号、2 号、3 号、4 号 フェノールフォーム断熱材 2 種 3 号（AⅠ、AⅡ）
F λ＝0.022 以下	押出法ポリスチレンフォーム断熱材 3 種（a（D）、b（D））　フェノールフォーム断熱材 1 種 1 号（AⅠ、AⅡ、BⅠ、BⅡ、CⅠ、CⅡ、DⅠ、DⅡ、EⅠ、EⅡ）、2 号（AⅠ、AⅡ、BⅠ、BⅡ、CⅠ、CⅡ、DⅠ、DⅡ、EⅠ、EⅡ）、3号（AⅠ、AⅡ、BⅠ、BⅡ、CⅠ、CⅡ、DⅠ、DⅡ、EⅠ、EⅡ）、

λ：熱伝導率（W/(m・K)）

▶表8 住宅金融支援機構仕様の断熱材の種別（独）住宅金融支援機構「【フラット35対応】木造住宅工事仕様書」

■住宅金融支援機構　木造住宅5・6地域　大壁造　　　　　断熱等性能等級2相当（≒旧省エネ）

部位		必要な熱抵抗値＊	断熱材の種類・厚さ（mm）						
			A-1	A-2	B	C	D	E	F
屋根・天井		0.8	45	40	40	35	30	25	20
壁		0.6	35	30	30	25	25	20	15
床	外気に面する部分	0.6	35	30	30	25	25	20	15
	その他の部分	0.5	30	25	25	20	20	15	15

＊数値が大きいほど熱が伝わりにくい

■住宅金融支援機構　木造住宅4・5・6・7地域　充填断熱工法　　断熱等性能等級4相当（≒次世代省エネ）

部位		必要な熱抵抗値＊	断熱材の種類・厚さ（mm）						
			A-1	A-2	B	C	D	E	F
屋根		4.6	240	230	210	185	160	130	105
天井		4.0	210	200	180	160	140	115	90
壁		2.2	115	110	100	90	75	65	50
床	外気に面する部分	3.3	175	165	150	135	115	95	75
	その他の部分	2.2	115	110	100	90	75	65	50
土間床等の外周部	外気に面する部分	1.7	90	85	80	70	60	50	40
	その他の部分	0.5	30	25	25	20	20	15	15

＊数値が大きいほど熱が伝わりにくい

▶写真4　フェルト状断熱材（グラスウール）、アクリアネクスト　旭ファイバーグラス（株）

▶写真5　ボード系断熱材、カネライトフォームFX　カネカケンテック（株）

▶写真6　吹込み系断熱材、デコスファイバー　(株)デコス

▶写真7　現場発泡吹付断熱材、アクアフォーム　(株)日本アクア

①壁断熱材交換工事

　壁断熱材は2000年頃から50mm程度のグラスウールやロックウール等のフェルト状断熱材が多く使われてきました。関東以南の地域という前提のもと、厚さ100mm程度のフェルト状断熱材やその他の種類の断熱材に交換する事例を紹介します。

　関東以南地域の次世代省エネ基準レベルの目安となるのは、数値としては熱抵抗値Rが2.2、フェルト状断熱材であれば厚さ100mm程度となり、その他の断熱材でも同等の性能が必要となります。製品ごとの熱抵抗値Rはメーカーのカタログに記載されていますので、容易に確認できます。現場発泡系の断熱材では熱伝導値λの記載しかない場合もありますが、その場合は必要とする熱抵抗値Rに熱伝導値λを掛けることで必要な厚みd（m）が求められます（d＝R×λ）。ここでは、施工性も考慮して吹込み系の断熱材に交換することにしました。石膏ボードの上下端部を残し中間部のみ欠き取り、そこからセルロース等を吹込みます。幅木や廻り縁を痛めることがありませんので、仕上げ材の復旧費を抑えることが出来ます。工程を図6に工事費を表9に示しました。

②床下断熱材充填工事

　床下に断熱材を充填するようになったのは、2000年頃からです。従って、それ以前に建てられた住宅では、床下に断熱材を充填する断熱改修が行われています。

　断熱材の充填方法としては、床下に潜って1階床の床下側にZピンや受け材を介して断熱材を取り付ける方法が一般的です。フェルト状断熱材や硬質系断熱材が多く使われますが、狭い床下の取り付け場所に長尺の硬質系断熱材を搬入することが困難な場合は、巻き込んで搬入できるフェルト状断熱材を使用することになります。モデルプランの1階床

4-1 省エネ改修工事

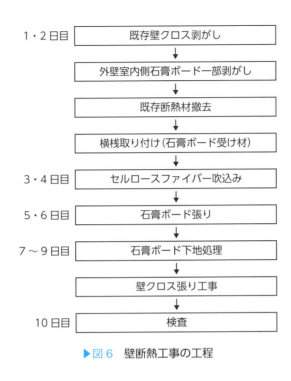

▶図6 壁断熱工事の工程

▶表9 壁断熱工事の積算

工事項目	規格・仕様	数量	単位	単価	金額	材工区分	拾い基準
【解体工事】							
既存壁撤去	石膏ボード部分撤去	2.0	人日	24,300	48,600	工	所要人工
産業廃棄物処理		1.0	式	30,000	30,000	工	一式
小計					78,600		
【断熱材取り付け工事】							
セルロースファイバー吹込み	厚100mm	127.4	m²	4,400	560,560	材工	外壁室内側面積
石膏ボード	厚12.5mm 910×1820mm	63.7	〃	2,130	135,681	材工	外壁室内側面積×1/2
雑資材	横桟、石膏ボードビス等	1.0	式	10,000	10,000	材	一式
壁クロス貼り	量産品	127.4	m²	1,280	163,072	材工	外壁室内側面積
小計					869,313		
工事費合計					947,913		
諸経費（15%）					142,187		
合計金額					1,090,100		

石膏ボード撤去は1/2程度（幅木、廻り縁残し）。
外壁室内側面積はシステムバス部分を除く。

▶表10　床下断熱工事の積算

工事項目	規格・仕様	数量	単位	単価	金額	材工区分	拾い基準
断熱材	床用グラスウール断熱材　32K 厚80㎜	49.7	m²	1,050	52,185	材	1階床面積※
雑資材	受け材、金物、釘等	1.0	式	10,000	10,000	材	一式
断熱材敷き込み	大工	2.0	人日	24,300	48,600	工	所要人工
工事費合計					110,785		
諸経費（15%）					16,618		
合計金額					127,403		

1F 床面積（断熱材敷設箇所）は玄関・階段室を除き、システムバス部分は含める。

に断熱材を充填した場合の工事費を表10に示しました。床下についても関東以南の地域では、必要な熱抵抗値Rは2.2となります。

③屋根断熱工事

　既存住宅では、小屋裏床面の上にフェルト状の断熱材を敷きつめて断熱化していることが多いと思います。夏の屋根面から伝わる熱でサウナ状態になった小屋裏の熱気を、断熱材で下階と遮断する方法です。しかしながら、昼間に小屋裏に溜まった熱気が、夜間になると下階に降りてきます。これが、夏の夜の寝苦しさの原因の一つとなっています。それを解消するためには、屋根面で断熱化を行い、小屋裏の灼熱状態を軽減する方法が有効です。新築工事では、断熱材が充填された高断熱屋根パネルを採用することが増えていますが、リフォームではそれに代わり、専門工事業者が行う現場発泡吹付系の断熱工事を行うことが有効な方法だと考えます。ボード状の製品だと隙間が出来てしまい、その部分から断熱欠損が起こる可能性があるためです。現場発泡吹付断熱工事の工程と工事費を図7、表11にまとめました。

4-1 省エネ改修工事

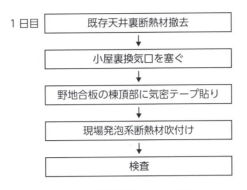

▶図7 屋根断熱工事の工程

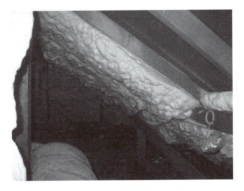

▶写真8 屋根断熱工事

▶表11 屋根断熱工事の積算

工事項目	規格・仕様	数量	単位	単価	金額	材工区分	拾い基準
現場発泡ウレタン吹付け工事	D種　厚160㎜　100倍発泡	64.9	m^2	8,160	529,584	材工	屋内屋根面積
工事費合計					529,584		
諸経費（15%）					79,438		
合計金額					609,022		

105

4-2　バリアフリー工事

(1) バリアフリーリフォーム

　我が国が高齢化社会に突入していることは周知の通りで、既存住宅をリフォーム工事でバリアフリー化することは必然になってきています。住宅リフォームにおけるバリアフリー化とは、一般的に床段差の解消、廊下幅・出入口の開口幅の確保、手すりの取り付けの3点セットとされています。これらのよりどころとして、「長寿社会対応住宅設計指針」（1997年建設省）と「住宅性能表示制度・高齢者等への配慮」（2000年国土交通省）が広く認知されています（表12）。

　一方、実際のリフォームでは、身体機能に合わせた個別的な対応が要求されます。状況に応じてケアマネジャーなどの専門家との連携も必要です。併せて、日常の暮らしを楽しみ、精神的にも充実した生活が送れるような空間提案を行うことも重要です。高齢者に対

▶表12　住宅性能表示制度「高齢者等への配慮」

項目	定義
日常生活空間の段差無し	設計寸法3mm以下、施工寸法で5mm以下（等級1を除く）
通路の幅	780mm以上（等級4・3）
	850mm以上（等級5）
出入口の幅	750mm以上（等級4・3）
	800mm以上（等級5）
階段の勾配	22/21以下（等級3・2）
	6/7以下（等級5・4）
	蹴込30mm以下（等級1を除く）
手すり	玄関・脱衣室・トイレ・浴槽入口（等級1を除く）
	階段（全等級）

「住宅性能表示制度・高齢者等への配慮」（2000年国土交通省）から抜粋

▶表13　バリアフリー住環境の整備

区分	自立生活	介助生活	介護生活
目的	元気な時の予防措置（転倒・転落防止）	不自由になった時の自立支援	介護者の労力の軽減
主な内容	床段差解消（つまづき防止）	床段差解消、ドア幅拡幅（車いす対応）	介護空間の確保
	階段手すり、勾配、形状（転落防止）	手すりの取り付け（立ち上がり・横づたい用）	介護機器の導入

応した住環境の整備は、自立生活・介助生活・介護生活の段階によって、目的・方法が異なります（表13）。

リフォームすることによって自立した生活を維持できることがバリアフリー化の一義的な考え方となります。特に、住宅のリフォームを行う人たちが多い50〜60代初期の年代の人たちはまだ身体機能が健全である場合がほとんどであり、将来、自立した生活を送る準備としてのバリアフリー化がポイントとなります。

(2) バリアフリー工事の工事費

代表的な幾つかのバリアフリー工事の工程と工事費の目安を紹介します。

①床段差の解消

住宅性能表示制度のバリアフリー性に関する基準（高齢者等配慮対策等級3）では、「日常生活空間内の床を段差のない構造とする」とあり、高齢者住宅設計指針*では段差のない構造とは、5mm以下と定義しています。廊下の床をかさ上げして和室との段差を解消する事例を取り上げました（図8、表14）。

*高齢者が居住する住宅の設計に係る指針（平成13年国土交通省）

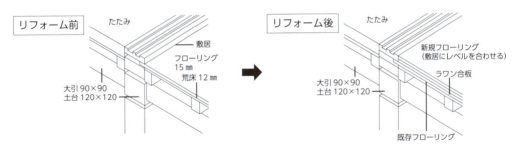

▶図8　段差改修工事の例

▶表14　床かさ上げ工事の積算

工事項目	規格・仕様	数量	単位	単価	金額	材工区分	拾い基準
床下地張り	ラワン合板2類厚18×910×1820mm	2.0	枚	3,060	6,120	材	所要枚数
複合フローリング	中級品程度（単板張り　厚12×303×1818mm）	1.0	ケース	12,600	12,600	材	所要枚数
雑資材	金物、釘等	1.0	式	1,000	1,000	材	一式
作業手間	大工	1.0	人日	24,300	24,300	工	所要人工
工事費合計					44,020		
諸経費（15%）					6,603		
合計金額					50,623		

②室内手すりの取り付け

手すりには、横移動のための廊下等に取り付ける「水平手すり」と、立ち上がりの時に必要な「たて手すり」があります。詳細は、図9の通りです。受け金物の固定には、金物を受ける下地材が必要です。既存住宅では、壁体内部にこの下地材が予め仕込まれてい

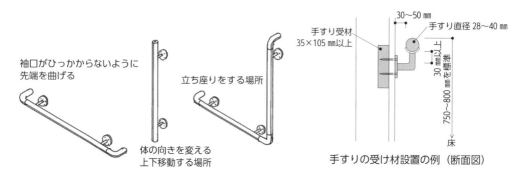

▶図9 手すりの設置例

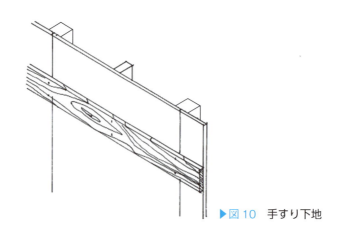

▶図10 手すり下地

▶表15 手すり設置工事の積算

工事項目	規格・仕様	数量	単位	単価	金額	材工区分	拾い基準
手すり受け小幅板	杉 厚18×90×1820	2.0	枚	390	780	材	所要枚数
水平手すり	35φ 4.0 m	1.0	本	6,610	6,610	材	所要本数
取り付け部材	ブラケット、エンドキャップ	1.0	式	4,620	4,620	材	一式
雑資材	ビス等、副資材含む	1.0	〃	5,000	5,000	材	一式
作業手間	大工	0.5	人日	24,300	12,150	工	所要人工
工事費合計					29,160		
諸経費（15%）					4,374		
合計金額					33,534		

ない場合がほとんどですので、該当する壁部分の石膏ボードの撤去・再施工、壁クロス等の張り替え等が発生しますので、結構大掛かりな工事となります。それを避けるための簡便的な方法として、壁仕上げ面の表側に木製の厚い帯板を取り付けて受け金物を受ける下地材とすることも考えられます（図10）。

いずれにしろ、手すりは、使用者の全体重を支えますので強固な取り付けが必要です。

③室内ドアを変更

室内ドアにおけるバリアフリー対応の要件は、建具幅の拡張と、開き戸から引き戸への交換です。

リビングや寝室などの居室の建具幅は、以前は700㎜程度でしたが、現在では800㎜が標準的になっています。これは、車椅子等の対応という理由からだけではなく、大型化してきた冷蔵庫等の家電製品や家具の搬入への対応のためです。

引き戸は開き戸に比べて開閉が楽で、ドアを開く時に室内にデッドスペースが生じない（開き戸では生じる）ため、普及してきました。また、開閉がスムーズで敷居が付かない上吊り引き戸が登場したことも、使われるようになった一つの要因です。

▶表16　アウトセット引き戸交換工事の積算

工事項目	規格・仕様	数量	単位	単価	金額	材工区分	拾い基準
アウトセット引戸	化粧シート貼り　建具枠、金物類含む	1.0	セット	42,000	42,000	材	セット数
既存建具撤去、新規建具吊り込み	大工	1.0	人日	24,300	24,300	工	所要人工
工事費合計					66,300		
諸経費（15%）					9,945		
合計金額					76,245		

4-3　耐震改修工事

(1) 耐震診断と耐震補強の方法

　阪神淡路大震災（1995年）、東日本大震災（2011年）、熊本地震（2016年）と大きな地震が立て続けに起こっています。耐震性の低い住宅を耐震補強することは、喫緊の課題です。リフォーム工事を担う者は、耐震診断と耐震補強工事を行える能力を有することが必須です。

　1981年6月に施行された建築基準法の改正*（新耐震基準）により、建築物の耐震性は大幅に向上しました。さらに、2000年の建築基準法の改正で、木造住宅の耐震性はさらに高まりました（表17）。

　耐震性を判断する基準としては、建築基準法で定められた基準、品確法**で定められた基準、一般財団法人日本建築防災協会（以下、建防協という）***で定めた基準があります。これらには、厳密な整合性はありませんが、概念的な関連は図11の通りです。

▶表17　耐震設計基準の変遷

年号	法律の制定等	主な内容・変更点（木造住宅関連）
昭和25年 （1950年）	建築基準法　施行＝旧耐震基準	床面積に応じて必要な筋違等を入れる「壁量規定」が定められる（床面積あたりの必要壁長さや、軸組の種類・倍率が定義された）
昭和34年 （1959年）	建築基準法 一部改正	壁量規定強化
昭和46年 （1971年）	建築基準法施行令 改正	基礎はコンクリート造または鉄筋コンクリート造の布基礎とする 風圧力に対し、見附面積に応じた必要壁量の規定
昭和54年 （1979年）	『木造住宅の耐震精密診断と補強方法』発行 （財）日本建築防災協会	
昭和56年 （1981年）	建築基準法施行令　改正＝新耐震基準	耐震設計法が抜本的に見直され耐震設計基準が大幅に改正 地震力に対しての必要壁倍率の改正 軸組の種類、倍率の改正
平成12年 （2000年）	建築基準法及び同施行令 改正	地耐力に応じた基礎構造の規定 地盤調査が事実上義務化 構造材と使用箇所に応じた継手・仕口の仕様を規定 耐力壁の配置にバランス計算（簡易計算・偏心率計算）が必要となる
平成16年 （2004年）	『木造住宅の耐震診断と補強方法』発行 （財）日本建築防災協会	「一般診断法」「精密診断法」

建築基準法	品確法(性能表示)		(一財)日本建築防災協会(上部構造評点)	
建物の重さの20%(0.2G)の水平力に対抗 中地震(震度5強)…建物に損傷がない 大地震(震度6超)…建物が倒壊しない	耐震等級-3	基準法の1.5倍	1.5以上	大地震でも倒壊しない
^	耐震等級-2	基準法の1.25倍	1.0以上～ 1.5未満	一応倒壊しない
^	耐震等級-1	基準法レベル	0.7以上～ 1.0未満	倒壊する可能性がある
^	^	^	0.7未満	倒壊する可能性が高い

▶図11　耐震性能判断基準の比較

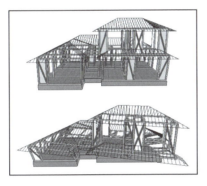 

▶図12　建防協の方法を使ったPCソフトの例　（株）インテグラル

　この中で、耐震診断として一般的に利用されているのは、建防協の基準です。それに対応したPCソフトも普及しています（図12）。建防協の耐震診断のフローを図13に示しました。一般診断法は、図面や工事履歴、外観などの既存の情報をもとに、建築士および建築関係者が耐震性能を評価する方法です。非破壊検査を原則とし、耐震性に問題があれば精密診断法での診断を行うことが推奨されています。精密診断法は原則として建築士によって行われるものであり、補強の必要性が高い建物について、より詳細な情報に基づいて補強の必要性の最終的な診断および補強の必要箇所や補強方法、補強後の耐震性を診断することを目的としています。2000年以降に建てられた木造住宅の評点は、概ね1.0を超えていますが、1981年以前の旧耐震基準で建てられた木造住宅の評点は、0.7未満という住宅が多数存在しています。1981年以降から2000年の間で建てられた木造住宅（新耐震

4-3 耐震改修工事

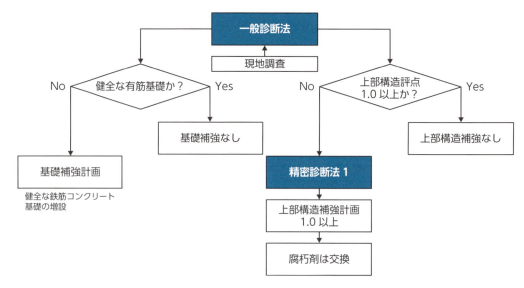

▶図13　耐震改修工事のフロー

▶写真9　金物補強と基礎補強の施工事例　(株)神永工務店

基準）でも、診断すると評点1.0に達していない住宅があります。耐震改修工事は、これらの耐震性が劣る住宅の評点を1.0以上に高めることが目的です。

耐震補強の主な方法は金物や筋交いでの補強や、腐朽材の交換などが挙げられます（写真9）。また、耐力壁をバランス良く配置すること、軽い建物にすること、壁倍率を上げること、柱脚・柱頭の補強を行うことも有効です（表18）。また、1980年代初期の住宅は無筋基礎の場合が多く、抱き基礎補強で有筋基礎と同程度の耐力にする必要があります

112

▶表18　耐震補強の方法

方法	内容
屋根の軽量化	・瓦葺きから金属製や化粧スレートに葺き替える
耐力壁の配置のバランス	・偏心率を考慮する（4分割法等で確認）
壁量を増加*	・耐力壁を増設
壁の強化*	・構造用面材、筋違い補強
金物での補強	・ホールダウン金物、筋交いプレート、かど金物等
2階床の剛性の向上	・構造用面材、鋼製火打ち梁等
直下率の向上	・上下階の耐力壁の位置を合致させる ・上階のセットバックを解消する
基礎補強	・無筋基礎の耐力アップ等（抱き合わせ基礎等）
その他	・腐朽材を交換する

＊壁量を増やしたり、強い壁にする場合でも、バランスの良い耐力壁の配置は特に重要

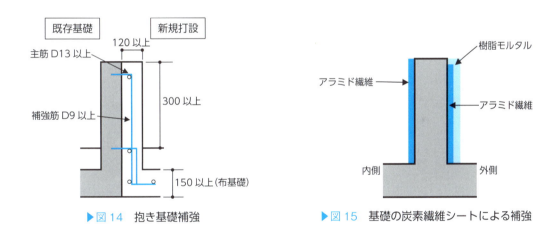

▶図14　抱き基礎補強　　　　▶図15　基礎の炭素繊維シートによる補強

（図14）。その他、建防協の認定を受けている基礎補強の方法として、炭素繊維を使った補強方法が確立されています（図15）。

　＊1981年6月1日以降に「建築確認書」が交付された建物が対象
　＊＊「住宅の品質確保の促進等に関する法律」の「住宅性能表示制度」で規定
＊＊＊一般財団法人日本建築防災協会の「木造住宅の耐震診断と耐震補強」

▶表 19　耐震改修工事の費用（一財）日本建築防災協会
「木造住宅における耐震改修費用の実態調査業務」

耐震改修工事費（万円）	件数	割合	
100 未満	43	13%	
100～150 未満	82	24%	
150～200 未満	61	18%	83%
200～250 未満	53	16%	
250～300 未満	40	12%	
300～350 未満	21	6%	
350～400 未満	19	6%	
400～450 未満	8	2%	
450～500 未満	5	1%	
500 以上	6	2%	

■概算費用の求め方

耐震改修工事費		**単位費用** (円 / 評価・m^2)		**耐震改修後の** **評点（目標）**		**耐震改修前の** **評点**		**延床面積** (m^2)
円	=	27,000	×（		－		）×	

例）延床面積 120m^2 で改修前の住宅の評点が 0.5 だった物件を、1.0 に上げるために必要な費用は？

耐震改修工事費		単位費用 (円 / 評価・m^2)		耐震改修後の 評点（目標）		耐震改修前の 評点		延床面積 (m^2)
162 万 円	=	27,000	×（	1.0	－	0.5	）×	120

■部位ごとの耐震改修費用の目安

部位	主な方法		目安単価
屋根	屋根の軽量化	・陶器瓦から金属屋根にする	1.5～2 万円/m^2
壁	偏芯率の改善	・構造用合板の使用	外壁： 13～15 万円/幅910 ㎜ 内壁： 9～12 万円/幅910 ㎜
	耐力壁の増設	・筋交い補強	
	柱頭柱脚補強	・金物補強	
		・ホールダウン金物補強	
	制振装置装着	・1 階に数カ所設置	－
2 階床	床剛性の向上	・構造合板の使用	－
基礎			4～5.5 万円/m^2

▶図 16　上部構造補強金額目安（例）（一財）日本建築防災協会
「木造住宅における耐震改修費用の実態調査業務」

(2) 耐震改修の工事費

それでは、耐震補強工事に実際いくら位費用を掛けているのでしょうか。建防協の調査によると、300万円未満の合計で83％となっています（表19）。また、建防協では、統計データを基に上部構造補強金額の目安を公表しています（図16）。

①基礎補強工事

抱き基礎補強による基礎補強金額の目安を表20に示してあります。外部・内部の全周の基礎補強が原則ですが、内部基礎の補強工事は1階床組みの撤去工事、及び再工事が必要な大工事となりますので、状況に応じて外周部基礎の補強工事に留める場合もあります。その場合は、工事費用も軽減されます。

②耐力壁の増設工事

耐力壁の増設工事費用の算出例を、表21に示しました。室内側の壁下地材を撤去して、筋交いを設置した場合の910㎜の耐力壁1カ所当たりの金額です。複数箇所の増設が必要な場合は、この合計金額に箇所数を乗じれば総額の目安が付けられます。

筋交いの増設に当たっては、バランスを考慮して周囲の補強の要否を十分に確認した上で行うことが重要です。この例では床は既存のままとしていますが、状況によっては床の一部切り欠きが必要となる場合もあります。また、壁・天井の石膏ボードとクロス、造作材は施工部分のみを切り欠いて交換することを想定した見積りです。実際の運用にあたっては、既存部分と新設部分で見た目に差が出ること、もしくは仕上げ材は一室全てを変更する必要があることを施主に事前説明を行うように留意してください。

▶表20 基礎補強工事の積算

工事項目	規格・仕様	数量	単位	単価	金額	材工区分	拾い基準
基礎補強工事	抱き合わせ基礎　h400　幅120㎜	29.1	m	16,500	480,150	材工	外周部基礎長さ
工事費合計					480,150		
諸経費（15%）					72,023		
合計金額					552,173		

▶表21 耐力壁増設工事の積算

工事項目	規格・仕様	数量	単位	単価	金額	材工区分	拾い基準
【解体工事】							
既存幅木撤去	木製幅木　高100 mm以下	0.9	m	520	468	工	幅木長さ
既存廻り縁撤去	木製廻り縁	0.9	〃	520	468	工	廻り縁長さ
既存壁解体	石膏ボード部分撤去	2.2	m²	1,040	2,288	工	内壁面積
既存天井解体	石膏ボード部分撤去	0.4	〃	1,300	520	工	天井面積
小計					3,744		
【壁・天井工事】							
壁補強工事	筋交い　45×90 mm	1.0	本	1,530	1,530	材	必要本数
壁補強工事	筋交いプレート　BP-2	2.0	個	540	1,080	材	必要個数
壁補強工事	筋交い施工費	1.0	式	24,300	24,300	工	一式
壁石膏ボード張り	厚12.5 mm　910×2400 mm	2.2	m²	2,130	4,686	材工	内壁面積
天井石膏ボード張り	厚9.5 mm　910×450 mm	0.4	〃	2,180	872	材工	天井面積
壁クロス貼り	量産品　下地調整共	2.2	〃	1,280	2,816	材工	内壁面積
天井クロス貼り	量産品　下地調整共	0.4	〃	1,280	512	材工	天井面積
廻り縁取り付け	スプルス　30×30 mm	0.9	m	1,280	1,152	材工	廻り縁長さ
木製幅木取り付け	米ツガ無節　高100 mm	0.9	〃	2,060	1,854	材工	幅木長さ
小計					38,802		
工事費合計					42,546		
諸経費（15%）					6,382		
合計金額					48,928		

第 5 章
全面リフォーム工事の見積り事例

　築16年の住宅を購入して、一部の間取り変更を伴ったリフォーム工事を行った事例を取り上げ、全面改修工事の見積書の作成方法を解説します。

　今回の事例は、本書で提唱する「室別見積り」とし、対比するために「工種別見積り」、および「部位別見積り」も併せて掲載しました。

5-1　リフォーム計画の内容

　建物概要、施主のプロフィール、リフォームの要望を、それぞれ表1に示しました。予算は自己資金で500万円程度のため、今回のリフォームでは1階のリフォームを優先した提案を行うことにしました。耐震診断の結果、評点1.2が得られており、耐震補強工事は必要がないことが確認されました。

▶表1　建物概要、施主のプロフィール、リフォームの要望

■既存建物

構造	木造軸組工法2階建て		耐震診断結果	評点1.2	
建築面積	44.72 m²		地盤	良い	
延床面積	1階	44.72 m²	基礎	健全な鉄筋コンクリート基礎	
	2階	44.72 m²	外壁	モルタル塗り	再塗装必要
	合計	89.44 m²	屋根	化粧スレート葺き	再塗装必要
竣工時期	2000年		給湯器	3年前に交換済み	

■施主のプロフィール

家族構成	夫：35歳	会社員、趣味は読書、料理
	妻：32歳	専業主婦、将来は職場復帰したい
	長女：5歳	幼稚園年中

■リフォームの要望
・築16年の住宅を購入、リフォームをすることにした。
・予算は自己資金で500万円程度。
・週末に夫婦で料理をつくることを楽しみにしているので、キッチンとダイニングを中心とした間取りにしたい。
・ダイニングとキッチンを一室にして南側に持ってきたい。和室は不要。
・ダイニング・キッチンだけでも窓の断熱性を高めたい。
・狭くても良いのでリビングは必要。
・お風呂、洗面化粧台を新しくしたい。
・1階、2階の便器をタンクレスに交換したい。
・2階は数年後にリフォームを考えているが、予算内で可能なら汚れている主寝室の壁・天井クロスだけでも貼り替えたい。
・外壁、屋根のメンテナンスを行いたい。
→予算の関係から今回は1階のリフォーム工事を優先した提案とする。

5-1 リフォーム計画の内容

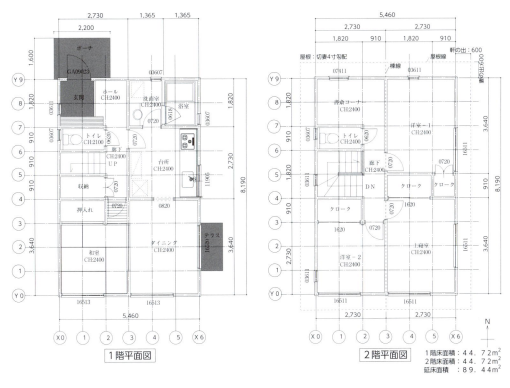

▶図1　現況図

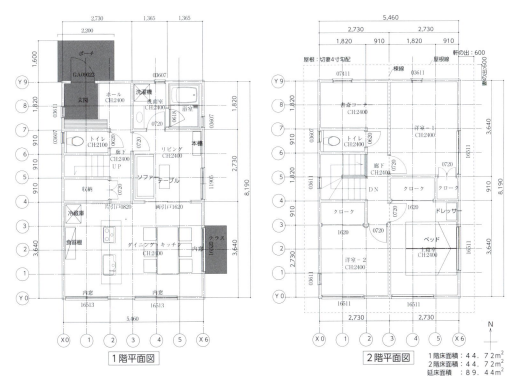

▶図2　改修計画図

5-1 リフォーム計画の内容

▶表2　仕上・仕様書

■メンテナンス工事

防蟻	再防蟻	ハチクサン
屋根	再塗装	化粧スレート専用塗装
外壁	再塗装	フッ素樹脂系塗料

■各室リフォーム

階	室	部位	工事	仕様
1階	ダイニングキッチン	天井工事	やり替え	格子組　@450
		木製フローリング	貼り替え	単層ムク　厚15mm　ナラ（節有）ウレタン塗装
		木製幅木	交換	米ツガ　高60mm　塗装済み
		内窓	新設	複層　16513、16520
		内部建具	新設	木製片引き戸　0820（廊下）、1620（リビング）
		壁	貼り替え	ビニルクロス貼り
		天井	同上	同上
		キッチンセット	交換	対面型　2285　人工大理石
		給水・給湯配管	更新	さや管ヘッダー方式（各室共通）
		排水管	更新	
		電気配線	更新	
	リビング	天井工事	やり替え	格子組　@450
		木製フローリング	貼り替え	単層ムク　厚15mm　ナラ（節有）ウレタン塗装
		木製幅木	交換	米ツガ　高60mm　塗装済み
		内部建具	新設	木製片引き戸　1620（ダイニング）
			既存残し	木製開きドア　0720（廊下、洗面室）
		壁	貼り替え	ビニルクロス貼り
		天井	同上	同上
		電気配線	更新	
	洗面室	天井工事	やり替え	格子組　@450
		木製フローリング	貼り替え	単層ムク　厚15mm　ナラ（節有）ウレタン塗装
		木製幅木	交換	米ツガ　高60mm　塗装済み
		内部建具	既存残し	木製開きドア　0720（リビング）
			取り替え	浴室ドア　0618
		壁	貼り替え	ビニルクロス貼り
		天井	同上	同上
		洗面化粧台	交換	幅750　陶器　シングルレバー
		洗濯機パン	同上	640×640mm
		給水・給湯配管	更新	さや管ヘッダー方式（各室共通）
		排水管	更新	
		電気配線	更新	
	浴室	内部建具	取り替え	浴室ドア　0618
		システムバス	交換	1216タイプ
		給水・給湯配管	更新	さや管ヘッダー方式（各室共通）
		排水管	更新	
	トイレ	便器	交換	専用洗浄弁式　温水洗浄便座
		給水・給湯配管	更新	さや管ヘッダー方式（各室共通）
		排水管	更新	
2階	主寝室	壁	貼り替え	ビニルクロス貼り
		天井	同上	同上
	トイレ	便器	交換	専用洗浄弁式　温水洗浄便座
		給水・給湯配管	更新	さや管ヘッダー方式（各室共通）
		排水管	更新	

特記）回り縁なし仕様（共通）
　　　照明器具は今回の見積りには含まない（別途打合せ予定）
　　　主寝室は壁・天井クロスの剥離が発生。他の室は手こわしの手間に含む

5-2　見積書の作成

　今回の見積りは施主が予算管理しやすい「室別見積り」としました。工事が建物全体に及ぶ「メンテナンス工事」と「各室リフォーム工事」に大別しています（表3）。

　見積書の体裁は表紙と内訳書に分けて作成します。表紙は内訳書の合計を示すものです。工事費合計で約530万円となりました。内訳は、メンテナンス工事でおよそ107万円、各室のリフォーム工事でおよそ423万円です。これに諸経費（諸経費率15％）を加算した見積金額の合計は、約609万円です。

　施主の予算500万円を約109万円超えてしまいましたが、奥様が1階トイレだけではなく、2階トイレの便器を新しくしたいと強く要望され、2階主寝室のクロスの貼り替えもこの程度の金額（約9万円）で出来るなら今回のリフォーム工事で一緒に行いたいということで、工事を行うことになりました。

▶表3 室別見積書

見積書表紙【室別】

工事名		区分	単位	金額	備考
I．メンテナンス工事	(1)	防蟻工事	一式	89,400	
	(2)	外部足場工事	〃	176,680	
	(3)	屋根再塗装工事	〃	271,350	
	(4)	外壁再塗装工事	〃	531,082	
		計	一式	1,068,512	
II．各室リフォーム工事	(1)	1階ダイニング・キッチン工事	一式	1,793,193	
	(2)	1階リビング工事	〃	339,114	
	(3)	1階洗面室工事	〃	312,336	
	(4)	1階浴室工事	〃	934,307	
	(5)	1階トイレ工事	〃	347,235	
	(6)	2階主寝室工事	〃	90,325	
	(7)	2階トイレ工事	〃	353,735	
	(8)	共通工事	〃	57,630	
		計	一式	4,227,875	
■工事費合計			一式	5,296,387	
III．諸経費			一式	794,458	諸経費率15%
■見積金額合計			一式	6,090,845	

見積書内訳【室別】

■ I. メンテナンス工事

区分		規格・仕様	数量	単位	単価	金額	材工区分	拾い基準
(1)	防蟻工事	予防処理	既存住宅対象	44.7	m²	2,000	89,400	材工	1階床面積
合計							89,400		
(2)	外部足場工事	くさび緊結式足場	ブラケット一側 高10m未満 存置1カ月	252.4	m²	470	118,628	材工	架け面積
		ネット養生	メッシュシート防炎1類 存置1カ月	252.4	〃	230	58,052	材工	架け面積
合計							176,680		
(3)	屋根再塗装工事	高圧洗浄 水洗い程度		67.5	m²	240	16,200	工	屋根葺き面積
		下地調整	錆止め含む	67.5	〃	520	35,100	材工	屋根葺き面積
		化粧スレート専用塗料	フッ素系 3回塗り（下塗り含む）	67.5	〃	2,910	196,425	材工	屋根葺き面積
		タスペーサー		67.5	〃	350	23,625	材工	屋根葺き面積
合計							271,350		
(4)	外壁再塗装工事	外壁下地調整	高圧洗浄（水洗い程度）	154.4	m²	240	37,056	工	外壁＋軒天井面積
		外壁塗装	可とう形改修塗材RE フッ素系	135.1	〃	3,390	457,989	材工	外壁面積
		軒天井塗装	アクリル樹脂非水分散形塗料 2回塗	19.3	〃	1,330	25,669	材工	軒天井面積
		破風板塗装	合成樹脂調合ペイント 2回塗	14.4	m	720	10,368	材工	破風長さ
合計							531,082		

メンテナンス工事の発生材処分費は、それぞれの工事単価に含んでいます。

■ Ⅱ. 各室リフォーム工事
(1) 1階ダイニング・キッチン工事

	区分		規格・仕様	数量	単位	単価	金額	材工区分	拾い基準
①	解体工事	手こわし	間仕切壁、仕上材、幅木、電線ケーブル等	19.9	m²	6,600	131,340	工	床面積
		キッチン設備解体・撤去	流し台・レンジフード・吊戸棚共	1.0	式	21,000	21,000	工	一式
		キッチン配管解体・撤去	5 m 程度 水栓共 ガス管止も含む	1.0	〃	25,000	25,000	工	一式
		キッチン設備処分	2 t 車	1.0	〃	40,000	40,000	工	一式
	小計						217,340		
②	仮設工事	家具移動		0.3	人工	24,300	7,290	工	現場状況で適宜判断
		養生費	床養生 硬質樹脂ボード、養生テープ 再利用	19.9	m²	590	11,741	材工	床面積
		クリーニング	清掃・後片付け	19.9	〃	460	9,154	工	床面積
		発生材処分費		19.9	〃	1,500	29,850	工	床面積
	小計						58,035		
③	木工事	リビングとの間仕切り壁	木製下地 杉 柱 105 角 間柱 105×30 ㎜ @455 ㎜、石膏ボード	6.6	m²	6,840	45,144	材工	開口部面積含む
		天井下地工事	一般室 @450 格子組、石膏ボード	19.9	〃	8,230	163,777	材工	天井面積
		木製フローリング	単層無垢 厚 15 ㎜ ナラ (節有) ウレタンクリア塗装	19.9	〃	5,510	109,649	材	床面積
		木製フローリング張り手間	無垢 (単層) 厚 15 ㎜	19.9	〃	3,140	62,486	工	床面積
		木製幅木	米ツガ無節 高 60 ㎜	14.2	m	1,810	25,702	材工	延長さ
	小計						406,758		
④	外部建具工事	内窓 16513	窓タイプ 幅 2000 高さ 1400 複層ガラス 込み	2.0	セット	39,000	78,000	材工	セット数
		内窓 16520	テラスタイプ 幅 2000 高さ 2000 複層ガラス込み	1.0	〃	77,000	77,000	材工	セット数
	小計						155,000		
⑤	内部建具工事	木製建具 片引戸 0820	枠付き建具 塗装済	1.0	セット	43,900	43,900	材工	セット数
		木製建具 両引戸 1620	枠付き建具 塗装済	1.0	〃	51,200	51,200	材工	セット数
	小計						95,100		

	区分		規格・仕様	数量	単位	単価	金額	材工区分	拾い基準
⑥	内装工事	壁・天井下地処理	シーラー塗布	51.2	m²	200	10,240	材工	壁＋天井面積
		ビニルクロス　壁	一般品	31.3	〃	490	15,337	材	壁面積
		ビニルクロス　天井	一般品	19.9	〃	490	9,751	材	天井面積
		ビニルクロス　貼り手間　壁	無地系　厚手	31.3	〃	610	19,093	工	壁面積
		ビニルクロス　貼り手間　天井	無地系　厚手	19.9	〃	610	12,139	工	天井面積
	小計						66,560		
⑦	住宅設備機器工事	キッチンセット	対面型　2285　人工大理石	1.0	セット	492,000	492,000	材	セット数
		キッチンセット　据付手間		1.0	カ所	94,000	94,000	工	セット数
	小計						586,000		
⑧	給排水設備工事	給水配管工事（1F）	配管更新（さや管ヘッダー）	1.0	カ所	17,000	17,000	材工	箇所数
		給湯配管工事（1F）	配管更新（さや管ヘッダー）	1.0	〃	20,400	20,400	材工	箇所数
		排水配管工事（1F）	配管更新	1.0	〃	13,400	13,400	材工	箇所数
	小計						50,800		
⑨	電気設備工事	電灯配線	キーソケットまでのケーブル共	3.0	カ所	3,300	9,900	材工	箇所数
		コンセント取り付け	ダブルコンセント	4.0	〃	4,390	17,560	材工	箇所数
		コンセント取り付け	アースターミナル付接地ダブルコンセント	3.0	〃	6,160	18,480	材工	箇所数
		コンセント取り付け	エアコン用埋込スイッチ付コンセント	1.0	〃	8,840	8,840	材工	箇所数
		スイッチ取り付け	片切スイッチ	2.0	〃	4,100	8,200	材工	箇所数
		LAN配管・配線		1.0	〃	12,900	12,900	材工	箇所数
		電話配管・配線		1.0	〃	9,800	9,800	材工	箇所数
		テレビ配線		1.0	〃	8,740	8,740	材工	箇所数
		キッチン配線替え		1.0	式	23,700	23,700	材工	一式
		住宅用火災警報器	煙感知式　単独型	2.0	カ所	4,740	9,480	材工	箇所数
		既存空調機再利用	取り外し、再設置、調整	1.0	式	15,000	15,000	工	状態により金額変動
	小計						142,600		
⑩	ガス設備工事	ガスレンジ配管つなぎ込み		1.0	式	15,000	15,000	材工	一式
	小計						15,000		
合計							1,793,193		

5-2 見積書の作成

(2) 1階リビング工事

	区分		規格・仕様	数量	単位	単価	金額	材工区分	拾い基準
①	解体工事	手こわし	間仕切壁、仕上材、幅木、電線ケーブル等	7.5	m^2	6,600	49,500	工	床面積
		キッチン設備解体・撤去等	ダイニング・キッチン工事で計上	—	—	—	—	—	—
	小計						49,500		
②	仮設工事	家具移動		0.2	人工	24,300	4,860	工	現場状況で適宜判断
		養生費	床養生 硬質樹脂ボード、養生テープ 再利用	7.5	m^2	590	4,425	材工	床面積
		クリーニング	清掃・後片付け	7.5	〃	460	3,450	工	床面積
		発生材処分費		7.5	〃	1,500	11,250	工	床面積
	小計						23,985		
③	木工事	DKとの間仕切壁工事	ダイニング・キッチン工事で計上	—	—	—	—	—	—
		既存建具・建具枠	取り外し、再吊り込み 0720	2.0	カ所	5,000	10,000	工	再利用
		天井下地工事	一般用 @450 格子組 石膏ボード	7.5	m^2	8,230	61,725	材工	天井面積
		木製フローリング	単層無垢 厚15㎜ ナラ(節有) ウレタンクリア塗装	7.5	〃	5,510	41,325	材	床面積
		木製フローリング張り手間	無垢(単層) 厚15㎜	7.5	〃	3,140	23,550	工	床面積
		木製幅木	米ツガ無節 高60㎜	7.9	m	1,810	14,299	材工	延長さ
	小計						150,899		
④	内部建具工事	木製建具 両引戸 1620	ダイニング・キッチン工事で計上	—	—	—	—	—	—
⑤	内装工事	壁・天井下地処理	シーラー塗布	27.1	m^2	200	5,420	材工	壁+天井面積
		ビニルクロス 壁	一般品	19.6	〃	490	9,604	材	壁面積
		ビニルクロス 天井	一般品	7.5	〃	490	3,675	材	天井面積
		ビニルクロス 貼り手間 壁	無地系 厚手	19.6	〃	610	11,956	工	壁面積
		ビニルクロス 貼り手間 天井	無地系 厚手	7.5	〃	610	4,575	工	天井面積
	小計						35,230		

126

5-2 見積書の作成

区分		規格・仕様	数量	単位	単価	金額	材工区分	拾い基準
⑥ 電気設備工事	電灯配線	キーソケットまでのケーブル共	2.0	カ所	3,300	6,600	材工	箇所数
	コンセント取り付け	ダブルコンセント	2.0	〃	4,390	8,780	材工	箇所数
	コンセント取り付け	エアコン用埋込スイッチ付コンセント	1.0	〃	8,840	8,840	材工	箇所数
	スイッチ取り付け	片切スイッチ	1.0	〃	4,100	4,100	材工	箇所数
	LAN配管・配線		1.0	〃	12,900	12,900	材工	箇所数
	電話配管・配線		1.0	〃	9,800	9,800	材工	箇所数
	テレビ配線		1.0	〃	8,740	8,740	材工	箇所数
	住宅用火災警報器	煙感知式　単独型	1.0	〃	4,740	4,740	材工	箇所数
	既存空調機再利用	取り外し、再設置、調整	1.0	式	15,000	15,000	工	状態により金額変動
小計						79,500		
合計						339,114		

第5章　全面リフォーム工事の見積り事例

(3) 1階洗面室工事

区分		規格・仕様	数量	単位	単価	金額	材工区分	拾い基準
① 解体工事	洗面化粧台解体・撤去	幅750 mm以下 配管材料含む	1.0	台	7,000	7,000	工	台数
	洗面化粧台処分		1.0	〃	3,000	3,000	工	台数
	洗濯機パン解体・撤去		1.0	〃	3,000	3,000	工	台数
	洗濯機パン処分		1.0	〃	1,000	1,000	工	台数
小計						14,000		
② 仮設工事	養生費	床養生 硬質樹脂ボード、養生テープ 再利用	2.5	m²	590	1,475	材工	床面積
	クリーニング	清掃・後片付け	2.5	〃	460	1,150	工	床面積
	発生材処分費		2.5	〃	1,500	3,750	工	床面積
小計						6,375		
③ 木工事	浴室との間仕切壁工事	浴室工事で計上	ー	ー	ー	ー	ー	ー
	天井下地工事	一般室 @450 格子組、石膏ボード	2.5	m²	8,230	20,575	材工	天井面積
	木製フローリング	単層無垢 厚15 mm ナラ(節有) ウレタンクリア塗装	2.5	〃	5,510	13,775	材	床面積
	木製フローリング張り手間	無垢 (単層) 厚15 mm	2.5	〃	3,140	7,850	工	床面積
	木製幅木	米ツガ無節 高60 mm	5.1	m	1,810	9,231	材工	延長さ
小計						51,431		
④ 内装工事	壁・天井下地処理	シーラー塗布	15.1	m²	200	3,020	材工	壁+天井面積
	ビニルクロス 壁	一般品	12.6	〃	490	6,174	材	壁面積
	ビニルクロス 天井	一般品	2.5	〃	490	1,225	材	天井面積
	ビニルクロス 貼り手間 壁	無地系 厚手	12.6	〃	610	7,686	工	壁面積
	ビニルクロス 貼り手間 天井	無地系 厚手	2.5	〃	610	1,525	工	天井面積
小計						19,630		

5-2 見積書の作成

	区分		規格・仕様	数量	単位	単価	金額	材工区分	拾い基準
⑤	住宅設備機器工事	洗面化粧台	幅750 陶器 シングルレバー混合水栓	1.0	セット	74,900	74,900	材	セット数
		洗面化粧台 据付手間		1.0	カ所	14,700	14,700	工	箇所数
		洗濯機パン	640×640 mm	1.0	台	6,430	6,430	材	セット数
		洗濯機パン 据付手間	トラップ共	1.0	組	8,660	8,660	工	箇所数
		タオル掛け	1段式 ステンレス製	1.0	個	2,400	2,400	材	個数
		タオル掛け 取付手間		1.0	カ所	2,200	2,200	工	箇所数
	小計						109,290		
⑥	給排水設備工事	給水配管工事（1F）	配管更新（さや管ヘッダー）	2.0	カ所	17,000	34,000	材工	箇所数
		給湯配管工事（1F）	配管更新（さや管ヘッダー）	1.0	〃	20,400	20,400	材工	箇所数
		排水配管工事（1F）	配管更新	2.0	〃	13,400	26,800	材工	箇所数
	小計						81,200		
⑦	電気設備工事	電灯配線	キーソケットまでのケーブル共	2.0	カ所	3,300	6,600	材工	箇所数
		コンセント取り付け	ダブルコンセント	1.0	〃	4,390	4,390	材工	箇所数
		コンセント取り付け	アースターミナル付接地ダブルコンセント	2.0	〃	6,160	12,320	材工	箇所数
		スイッチ取り付け	片切スイッチ	1.0	〃	4,100	4,100	材工	箇所数
		既存換気扇再利用	取りはずし、再設置、調整	1.0	式	3,000	3,000	工	状態により金額変動
	小計						30,410		
合計							312,336		

(4) 1階浴室工事

	区分		規格・仕様	数量	単位	単価	金額	材工区分	拾い基準
①	解体工事	手こわし	間仕切壁、仕上材、幅木、電線ケーブル等	2.5	m²	6,600	16,500	工	床面積
		システムバス解体・撤去	1216程度 給排水管共	1.0	式	50,000	50,000	工	一式
		システムバス処分		1.0	〃	65,000	65,000	工	一式
	小計						131,500		
②	仮設工事	養生費	床養生 硬質樹脂ボード、養生テープ 再利用	2.5	m²	590	1,475	材工	床面積
		クリーニング	清掃・後片付け	2.5	〃	460	1,150	工	床面積
		発生材処分費		2.5	〃	1,500	3,750	工	床面積
	小計						6,375		
③	木工事	洗面室との間仕切工事	木製下地 杉 柱105角 間柱105×30 mm @455 mm、石膏ボード	4.4	m²	6,840	30,096	材工	開口部面積含む
		浴室用ドア枠 0618	スプルス上小節 枠見込100 mm	4.2	m	9,580	40,236	材工	枠延長さ
	小計						70,332		
④	住宅設備機器工事	システムバス	1216サイズ	1.0	セット	544,000	544,000	材	セット数
		システムバス 据付手間	電気工事費含む	1.0	カ所	92,600	92,600	工	箇所数
	小計						636,600		
⑤	給排水設備工事	給水配管工事（1F）	配管更新（さや管ヘッダー）	1.0	カ所	17,000	17,000	材工	箇所数
		給湯配管工事（1F）	配管更新（さや管ヘッダー）	1.0	〃	20,400	20,400	材工	箇所数
		排水配管工事（1F）	配管更新	1.0	〃	13,400	13,400	材工	箇所数
		配管つなぎ（接続）	給水・給湯・排水	1.0	式	15,000	15,000	工	一式
	小計						65,800		
⑥	電気設備工事	システムバス内配線	配線替え	1.0	式	23,700	23,700	材工	一式
合計							934,307		

(5) 1階トイレ工事

	区分	規格・仕様	数量	単位	単価	金額	材工区分	拾い基準
①	解体工事 洋風便器解体・撤去	床がクッションフロアの場合 給排水管共	1.0	式	10,500	10,500	工	一式
	便器処分		1.0	〃	6,000	6,000	工	一式
	小計					16,500		
②	仮設工事 養生費	床養生 硬質樹脂ボード、養生テープ 再利用	1.7	m²	590	1,003	材工	床面積
	クリーニング	清掃・後片付け	1.7	〃	460	782	工	床面積
	発生材処分費		1.7	〃	1,500	2,550	工	床面積
	小計					4,335		
③	住宅設備機器工事 便器	専用洗浄弁式 温水洗浄便座	1.0	セット	272,000	272,000	材	セット数
	便器 据付手間		1.0	カ所	24,000	24,000	工	箇所数
	小計					296,000		
④	給排水設備工事 給水配管工事（1F）	配管更新（さや管ヘッダー）	1.0	カ所	17,000	17,000	材工	箇所数
	排水配管工事（1F）	配管更新（さや管ヘッダー）	1.0	〃	13,400	13,400	材工	箇所数
	小計					30,400		
合計						347,235		

5-3 見積書の内訳

(6) 2階主寝室工事

区分		規格・仕様	数量	単位	単価	金額	材工区分	拾い基準
① 仮設工事	家具移動		0.2	人工	24,300	4,860	工	現場状況で適宜判断
	養生費	床養生 硬質樹脂ボード、養生テープ 再利用	9.9	m²	590	5,841	材工	床面積
	クリーニング	清掃・後片付け	9.9	〃	460	4,554	工	床面積
	発生材処分費		9.9	〃	1,500	14,850	工	床面積
小計						30,105		
② 内装工事	壁紙剥離	簡易剥離	32.3	m²	100	3,230	工	壁+天井面積
	壁・天井下地処理	シーラー塗布	32.3	〃	200	6,460	材工	壁+天井面積
	ビニルクロス 壁	一般品	22.4	〃	490	10,976	材	壁面積
	ビニルクロス 天井	一般品	9.9	〃	490	4,851	材	天井面積
	ビニルクロス 貼り手間 壁	無地系 厚手	22.4	〃	610	13,664	工	壁面積
	ビニルクロス 貼り手間 天井	無地系 厚手	9.9	〃	610	6,039	工	天井面積
小計						45,220		
③ 電気工事	既存空調機再利用	取り外し、再設置、調整	1.0	式	15,000	15,000	工	状態により金額変動
小計						15,000		
合計						90,325		

(7) 2階トイレ工事

	区分	規格・仕様	数量	単位	単価	金額	材工区分	拾い基準
①	解体工事 洋風便器解体・撤去 給排水管共		1.0	式	10,500	10,500	工	一式
	便器処分		1.0	〃	6,000	6,000	工	一式
	小計					16,500		
②	仮設工事 養生費	床養生 硬質樹脂ボード、養生テープ 再利用	1.7	m²	590	1,003	材工	床面積
	クリーニング	清掃・後片付け	1.7	〃	460	782	工	床面積
	発生材処分費		1.7	〃	1,500	2,550	工	床面積
	小計					4,335		
③	住宅設備機器工事 便器	専用洗浄弁式、温水洗浄便座	1.0	セット	272,000	272,000	材	セット数
	便器 据付手間		1.0	カ所	24,000	24,000	工	箇所数
	小計					296,000		
④	給排水設備工事 給水配管工事（2F）	配管更新（さや管ヘッダー）	1.0	カ所	19,500	19,500	材工	箇所数
	排水配管工事（2F）	配管更新	1.0	〃	17,400	17,400	材工	箇所数
	小計					36,900		
合計						353,735		

5-3 見積書の内訳

(8) 共通工事

区分		規格・仕様	数量	単位	単価	金額	材工区分	拾い基準
① 仮設工事	仮設電気	施主より建物設備使用承諾	–	–	–	–	–	–
	仮設水道	施主より建物設備使用承諾	–	–	–	–	–	–
	仮設トイレ	施主より建物設備使用承諾	–	–	–	–	–	–
② 1階共用部	養生費	床養生 硬質樹脂ボード、養生テープ 再利用	11.0	m²	590	6,490	材工	床面積
	クリーニング	清掃・後片付け	11.0	〃	460	5,060	工	床面積
	発生材処分費		11.0	〃	1,500	16,500	工	床面積
小計						28,050		
③ 2階共用部	養生費	床養生 硬質樹脂ボード、養生テープ 再利用	11.6	m²	590	6,844	材工	床面積
	クリーニング	清掃・後片付け	11.6	〃	460	5,336	工	床面積
	発生材処分費		11.6	〃	1,500	17,400	工	床面積
小計						29,580		
合計						57,630		

5-3　見積書の内訳

　ここからは見積書の内訳について、見積単位の考え方や数量の算出方法など、工事ごとに解説していきます。

I｜メンテナンス工事

　建物全体に及ぶ工事です。各工事の内容は第2章で詳細に解説しています。ここでは数量の拾い方を中心に解説していきます。見積書の内訳は123頁に掲載しています。

(1) 防蟻工事
　1階床面積を算入します。

(2) 外部足場工事
　第2章で解説した通りに外部足場の架け面積を求め、くさび緊結式足場およびメッシュシートの数量とします（図3）。

(3) 屋根再塗装工事
　屋根面積を図4の様に求め、高圧洗浄、下地調整、化粧スレート塗装、タスペーサーの数量とします。

(4) 外壁再塗装工事
　外壁面積を図5の様に求め、高圧洗浄、外壁塗装の数量とします。
　軒天井面積、破風・鼻隠しの延長さは図6のように数量を拾います。今回の事例は切妻で、勾配なりに軒天井を張っているので、水平投影面積に勾配係数を乗じています。

5-3　見積書の内訳

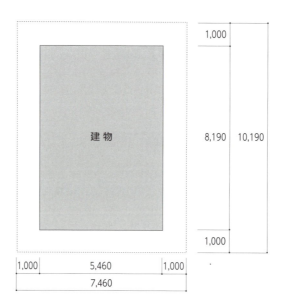

················· 足場設置の平面計画図

部位	数量算出	計算式	面積	積算数量
足場	{(X軸方向の最長辺+2 m)+(Y軸方向の最長辺+2 m)}×2×最高高さ	{(5.46+2)+(8.19+2)}×2×7.15	252.40	252.4 m²

▶図3　外部足場架け面積の算出

4寸勾配：勾配係数1.8

部位	数量算出	計算式	面積	積算数量
屋根	水平投影面積×勾配係数	(6.66×9.39)×1.08	67.54	67.5 m²

▶図4　屋根面積の算出

5-3 見積書の内訳

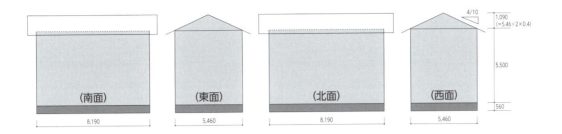

■外壁面積

部位	数量算出	計算式	面積
外壁	外周長×外壁仕上げ部の高さ	(8.19+5.46)×2×5.50	150.15
矢切	矢切面積×箇所数	(5.46×1.09÷2)×2	5.95
		外壁面積合計	156.10

■開口面積

部位	呼称	幅（m）	高さ（m）	箇所	面積（m^2）
1階	16513	1.65	1.30	2	4.30
	16520	1.65	2.00	1	3.30
	11905	1.19	0.50	1	0.60
	03607	0.36	0.70	3	0.75
	09023	0.90	2.30	1	2.07
	03611	0.36	1.10	1	0.40
2階	16511	1.65	1.10	4	7.28
	03611	0.36	1.10	3	1.20
	07411	0.74	1.10	1	0.81
	03607	0.36	0.70	1	0.25
				開口面積合計	20.96

■外壁塗装面積

部位	数量算出	計算式	面積	積算数量
外壁塗装面積	外壁面積合計－開口部面積合計	156.10－20.96	135.14	135.1 m^2

▶図5　外壁塗装面積の算出

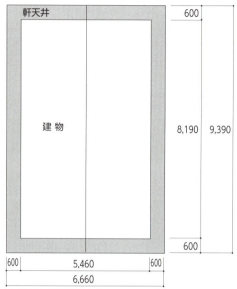

部位	数量算出	計算式	面積	積算数量
軒天井	（屋根水平投影面積－建物水平投影面積）×勾配係数	{(6.66×9.39)－(5.46×8.19)}×1.08	19.25	19.3 m²

部位	数量算出	計算式	長さ	積算数量
破風長さ	屋根妻部長さ×勾配係数	(6.66×2)×1.08	14.39	14.4 m

▶図6　軒天井面積、破風長さの算出

Ⅱ　各室リフォーム工事

　室別見積り体系では、内装工事の見積りはリフォームを行う各室ごとに分けて、それぞれの室で必要な工事を工種別に計上します。見積書の内訳は124〜134頁に掲載しています。

　まず、室別の床面積、内壁面積、天井面積を求めます。併せて、各室ごとに幅木長さを算出します。表4のように各室の面積や幅木長さを一覧できる表を作成し、拾い忘れを防ぎましょう。複数の室にまたがる間仕切り壁工事や内部建具工事は、リフォームの優先順位の高い室の積算項目とし、もう一方の室の積算項目では計上していません。

▲表4 各室面積表

室名		床面積		壁面積(開口差引前)			内装壁面積				天井面積		壁周長	幅木長さ				
		計算式	面積(m²)	壁周長	天井高	面積	種別	開口 数量	面積	面積(m²)	計算式	面積(m²)		種別	開口	数量	長さ	長さ(m)
■リフォーム対象室																		
1階	ダイニングキッチン	5.46×3.64	19.87	18.20	2.40	43.68	外部	16513 2	4.29		5.46×3.64	19.87	18.20	外部	1.6 1	1.60		
								16520 1	3.30						1.6 1	1.60		
							内部	1620 1	3.20					内部	0.8 1	0.80		
								0820 1	1.60									
		合計	19.87		小計	43.68		小計	12.39	31.29	小計	19.87			小計	4.00		14.20
	リビング	2.73×2.73	7.45	10.92	2.40	26.21	外部	11905 1	0.60		2.73×2.73	7.45	10.92	外部	1.6 1	1.60		
							内部	1620 1	3.20						0.7 2	1.40		
								0720 2	2.80									
		合計	7.45		小計	26.21		小計	6.60	19.61	小計	7.45			小計	3.00		7.92
	洗面室	1.365×1.82	2.48	6.37	2.40	15.29	外部	03607 1	0.25		1.365×1.82	2.48	6.37	外部	0.7 1	0.70		
							内部	0720 1	1.40						0.6 1	0.60		
								0618 1	1.08									
		合計	2.48		小計	15.29		小計	2.73	12.56	小計	2.48			小計	1.30		5.07
	浴室	1.365×1.82	2.48															
	トイレ	1.82×0.91	1.66															
2階	主寝室	2.73×3.64	9.94	12.74	2.40	30.58	外部	16511 2	3.63		2.73×3.64	9.94						
							内部	1620 1	3.20									
								0720 1	1.40									
		合計	9.94		小計	30.58		小計	8.23	22.35	小計	9.94						
	トイレ	1.82×0.91	1.66															
■共用部分（リフォーム非対象）																		
1階	ポーチ	2.20×1.6	3.52															
	玄関・ホール	2.73×1.82	4.97															
	廊下	0.91×2.73	2.48															
		合計	10.97															
2階	階段	1.82×1.82	3.31															
	廊下	0.91×3.64	3.31															
	書斎コーナー	2.73×1.82	4.97															
		合計	11.59															

(1) 1階ダイニング・キッチン工事　124頁

①解体工事
- 解体する室（既存の和室とダイニング）の床面積を算入します。
- キッチン設備解体・撤去、配管解体・撤去、キッチン設備処分は一式にしました。

②仮設工事
- 家具移動に係る工数を状況に応じて算定します。本事例では、0.3人工としました。
- 養生費、クリーニング費、発生材処分費は、室の床面積です。

③木工事
- リビングとの間仕切り壁は、開口部分を含む面積としてあります。間仕切り壁工事はこちらの1階ダイニング・キッチンの工事として計上しました（隣接するリビング工事では未計上）。
- 天井下地工事は、室の天井面積です。
- 木製フローリング工事は、室の床面積です。
- 木製幅木の延べ長さを算入します。
- 大工手間は、ある程度のまとまった規模の工事のため、室の床面積を基準としました。

④外部建具工事
- 内窓（インナーサッシ）を取り付けるので、その数量を拾います。材工の単価設定としています。

⑤内部建具工事
- 該当する木製片引戸と両引戸の数量を拾います（隣接するリビング工事では未計上）。

⑥内装工事
- それぞれの部位の面積を計上します。

⑦住宅設備機器工事
- キッチンセットのセット数と据付手間の箇所数を計上します。

⑧給排水設備工事
- 給水配管（1階）、給湯配管（1階）をそれぞれ1カ所計上します。本事例の給水配管、給湯配管は「さや管ヘッダー工法」です。ヘッダーは1階の給水配管工事および給湯配管工事の単価に含まれています。2階の給水・給湯工事には含んでいません。
- 排水配管工事（1階）を1カ所拾います。

⑨電気設備工事
- 1階ダイニング・キッチンの電灯配線、コンセント、スイッチのそれぞれの箇所数を拾います。
- キッチン配線替えは一式です。
- 住宅火災警報器の箇所数を拾います。本事例では、2カ所としました。
- 既存空調機は再利用しますので、取り外し、再設置、調整の費用を計上します。

⑩ガス設備工事
- ガスレンジへの配管つなぎ込み工事は一式で計上します。

(2) 1階リビング工事　126頁

- それぞれの工事の数量の拾いは、1階ダイニング・キッチンの工事の数量算出の方法に準じますが、今回のリフォーム工事では隣接した1階ダイニング・キッチンが主であり、1階リビングが従となるため、この2つの室の間仕切り壁工事、内部建具工事は、1階ダイニング・キッチンで計上し、こちらの1階リビングでは計上していません。

(3) 1階洗面室工事　128頁

- 既存の洗面化粧台の撤去費用を計上します。浴室との間仕切り工事は浴室工事で計上しますので、1階洗面室の工事としては計上しません。
- 住宅設備機器工事として、洗面化粧台と洗濯機用防水パン、タオル掛けのセット数と据付手間を拾います。
- その他の工事は、今まで解説した室に準じた拾いとなります。

(4) 1階浴室工事　130頁

- 既存のシステムバス解体撤去費は多額になります。1階洗面室との間仕切り壁工事を計上しました。

(5) 1階トイレ工事　131頁

- 解体工事として、既存の洋室便器解体・撤去費用を計上します。

(6) 2階主寝室工事　132頁

・壁・天井仕上げのクロスの貼り替えの軽微な工事ですが、家具の移動が発生しますので、それに係る費用を計上しました。

(7) 2階トイレ工事　133頁

・1階トイレの工事に準じますが、2階の給水配管工事は管材の更新のみで、ヘッダーの費用は含んでいません（1階の該当工事費に含む）。

(8) 共通工事　134頁

・仮設電気や仮設水道、今回のリフォーム工事の対象では無い玄関・廊下・階段室の養生等を、共通工事として計上します。

5-4　その他の見積書の体系

　今回取り上げたリフォーム工事を別の体系の見積書にすると、どの様になるのでしょうか。それぞれの体系の見積書を次に示します。

(1) 工種別見積書

　ほとんどの新築住宅で採用されている、「工種別見積書」を表5に掲載しました。一般的に馴染みのある形式なので、違和感なく理解できることと思います。積算拾い項目が75個です。「室別見積書」に対比させると拾い項目が半分程度になります。

　また、そのままの工事項目で工事発注が可能ですので、工事実行予算の管理をするには適しています。

　一方、施主が室別に工事の優先順位を付けるリフォーム工事では、「室別見積書」に比べると予算の管理がやりにくくなります。

▶表5 工種別見積書

見積書表紙 [工種別]

	工事区分	単位	金額	備考
1.	解体工事	一式	445,340	
2.	仮設工事	〃	367,855	
3.	防蟻工事	〃	89,400	
4.	木工事	〃	679,420	
5.	外部建具工事	〃	155,000	
6.	内部建具工事	〃	95,100	
7.	塗装工事	〃	802,432	
8.	内装工事	〃	166,640	
9.	住宅設備機器工事	〃	1,850,330	
10.	給排水設備工事	〃	338,660	
11.	電気設備工事	〃	291,210	
12.	ガス設備工事	〃	15,000	
■工事費合計		一式	5,296,387	
■諸経費		一式	794,458	諸経費率15%
■見積金額合計		一式	6,090,845	

見積書内訳【工種別】

	区分		規格・仕様	数量	単位	単価	金額	材工区分	拾い基準
1.	解体工事	手こわし	間仕切壁、仕上材、幅木、電線ケーブル等	29.9	m²	6,600	197,340	工	床面積
		キッチン設備解体・撤去	流し台・レンジフード・吊戸棚共	1.0	式	21,000	21,000	工	一式
		キッチン配管解体・撤去	5m程度 水栓共 ガス管止めも含む	1.0	〃	25,000	25,000	工	一式
		キッチン設備処分	2t車	1.0	〃	40,000	40,000	工	一式
		洗面化粧台解体・撤去	幅750mm以下 配管材料含む	1.0	台	7,000	7,000	工	台数
		洗面化粧台処分	幅750mm以下 配管材料含む	1.0	〃	3,000	3,000	工	台数
		洗濯機パン解体・撤去		1.0	〃	3,000	3,000	工	台数
		洗濯機パン処分		1.0	〃	1,000	1,000	工	台数
		システムバス解体・撤去	1216程度 給排水管共	1.0	式	50,000	50,000	工	一式
		システムバス処分		1.0	〃	65,000	65,000	工	一式
		洋風便器解体・撤去	床がクッションフロアの場合 給排水管共	2.0	〃	10,500	21,000	工	一式
		便器処分		2.0	〃	6,000	12,000	工	一式
合計							445,340		
2.	仮設工事	外部足場 くさび緊結式足場	ブラケット一側 高10m未満 存置1カ月	252.4	m²	470	118,628	材工	架け面積
		ネット養生	メッシュシート防炎1類 存置1カ月	252.4	〃	230	58,052	材工	架け面積
		仮設電気	施主より建物設備使用承諾	―	―	―	―	―	―
		仮設水道	施主より建物設備使用承諾	―	―	―	―	―	―
		仮設トイレ	施主より建物設備使用承諾	―	―	―	―	―	―
		家具移動		0.7	人工	24,300	17,010	工	現場状況で適宜判断
		養生費	床養生 硬質樹脂ボード、養生テープ 再利用	68.3	m²	590	40,297	材工	床面積
		クリーニング	清掃・後片付け	68.3	〃	460	31,418	工	床面積
		発生材処分費		68.3	〃	1,500	102,450	工	床面積
合計							367,855		
3.	防蟻工事	防蟻工事	予防処理 既存住宅対象	44.7	m²	2,000	89,400	材工	1階床面積
合計							89,400		

5-4 その他の見積書の体系

	区分		規格・仕様	数量	単位	単価	金額	材工区分	拾い基準
4.	木工事	天井下地工事	一般室 @450 格子組 石膏ボード	29.9	m²	8,230	246,077	材工	天井面積
		木製フローリング	単層無垢 厚15mm ナラ（節有）ウレタンクリア塗装	29.9	〃	5,510	164,749	材	床面積
		木製フローリング張り手間	無垢（単層）厚15mm	29.9	〃	3,140	93,886	工	床面積
		木製幅木	米ツガ無節 高60mm	27.2	m	1,810	49,232	材工	延長さ
		既存建具・建具枠	取りはずし、再吊り込み 0720	2.0	カ所	5,000	10,000	工	再利用
		間仕切工事	木製下地 杉 柱 105mm角 間柱 105×30mm @455mm、石膏ボード	11.0	m²	6,840	75,240	材工	開口部面積含む
		浴室用ドア枠 0618	スプルス上小節 枠見込 100mm	4.2	m	9,580	40,236	材工	枠延長さ
合計							679,420		
5.	外部建具工事	内窓 16513	窓タイプ 幅2000 高さ1400 複層ガラス込み	2.0	セット	39,000	78,000	材工	セット数
		内窓 16520	テラスタイプ 幅2000 高さ2000 複層ガラス込み	1.0	〃	77,000	77,000	材工	セット数
合計							155,000		
6.	内部建具工事	木製建具 片引戸 0820	枠付き建具 塗装済	1.0	セット	43,900	43,900	材工	セット数
		木製建具 両引戸 1620	枠付き建具 塗装済	1.0	〃	51,200	51,200	材工	セット数
合計							95,100		
7.	塗装工事	屋根高圧洗浄 水洗い程度		67.5	m²	240	16,200	工	屋根葺き面積
		下地調整 既存塗膜除去	錆止め含む	67.5	〃	520	35,100	材工	屋根葺き面積
		化粧スレート専用塗料	フッ素系 3回塗り（下塗り含む）	67.5	〃	2,910	196,425	材工	屋根葺き面積
		タスペーサー		67.5	〃	350	23,625	材工	屋根葺き面積
		外壁下地調整	高圧洗浄（水洗い程度）	154.4	〃	240	37,056	工	外壁＋軒天面積
		外壁塗装	可とう形改修塗材 RE フッ素系	135.1	〃	3,390	457,989	材工	外壁面積
		軒天井塗装	アクリル樹脂非水分散形塗料 2回塗	19.3	〃	1,330	25,669	材工	軒天面積
		破風板塗装	合成樹脂調合ペイント 2回塗	14.4	m	720	10,368	材工	破風長さ
合計							802,432		

5-4 その他の見積書の体系

	区分		規格・仕様	数量	単位	単価	金額	材工区分	拾い基準
8.	内装工事	壁紙剥離	簡易剥離	32.3	m²	100	3,230	工	壁+天井面積
		壁・天井下地処理	シーラー塗布	125.7	〃	200	25,140	材工	壁+天井面積
		ビニルクロス 壁	一般品	85.9	〃	490	42,091	材	壁面積
		ビニルクロス 天井	一般品	39.8	〃	490	19,502	材	天井面積
		ビニルクロス 貼り手間 壁	無地系 厚手	85.9	〃	610	52,399	工	壁面積
		ビニルクロス 貼り手間 天井	無地系 厚手	39.8	〃	610	24,278	工	天井面積
合計							166,640		
9.	住宅設備機器工事	キッチンセット	対面型 2285 人工大理石	1.0	セット	492,000	492,000	材	セット数
		キッチンセット 据付手間		1.0	カ所	94,000	94,000	工	箇所数
		洗面化粧台	幅750 陶器 シングルレバー混合水栓	1.0	セット	74,900	74,900	材	セット数
		タオル掛け	1段式 ステンレス製	1.0	個	2,400	2,400	材	個数
		洗濯機パン	640×640 mm	1.0	台	6,430	6,430	材	台数
		システムバス	1216 サイズ	1.0	セット	544,000	544,000	材	セット数
		システムバス 据付手間	電気工事費含む	1.0	カ所	92,600	92,600	工	箇所数
		便器	専用洗浄弁式 温水洗浄便座	2.0	セット	272,000	544,000	材	セット数
合計							1,850,330		
10.	給排水設備工事	給水配管工事 (1F)	配管更新 (さや管ヘッダー)	5.0	カ所	17,000	85,000	材工	箇所数
		給湯配管工事 (1F)	配管更新 (さや管ヘッダー)	3.0	〃	20,400	61,200	材工	箇所数
		排水配管工事 (1F)	配管更新	5.0	〃	13,400	67,000	材工	箇所数
		給水配管工事 (2F)	配管更新 (さや管ヘッダー)	1.0	〃	19,500	19,500	材工	箇所数
		排水配管工事 (2F)	配管更新	1.0	〃	17,400	17,400	材工	箇所数
		浴室配管つなぎ (接続)	給水・給湯・排水	1.0	式	15,000	15,000	工	一式
		洗面化粧台 据付手間		1.0	カ所	14,700	14,700	工	箇所数
		タオル掛け 取付手間		1.0	〃	2,200	2,200	工	箇所数
		洗濯機パン 据付手間	トラップ共	1.0	セット	8,660	8,660	工	セット数
		便器 据付手間		2.0	カ所	24,000	48,000	工	箇所数
合計							338,660		

区分		規格・仕様	数量	単位	単価	金額	材工区分	拾い基準
11.	電気設備工事							
	電灯配線	キーソケットまでのケーブル共	7.0	カ所	3,300	23,100	材工	箇所数
	コンセント取り付け	ダブルコンセント	7.0	〃	4,390	30,730	材工	箇所数
	コンセント取り付け	アースターミナル付接地ダブルコンセント	5.0	〃	6,160	30,800	材工	箇所数
	コンセント取り付け	エアコン用埋込スイッチ付コンセント	2.0	〃	8,840	17,680	材工	箇所数
	スイッチ取り付け	片切スイッチ	4.0	〃	4,100	16,400	材工	箇所数
	LAN配管・配線		2.0	〃	12,900	25,800	材工	箇所数
	電話配管・配線		2.0	〃	9,800	19,600	材工	箇所数
	テレビ配線		2.0	〃	8,740	17,480	材工	箇所数
	キッチン配線替え	配線替え	1.0	式	23,700	23,700	材工	一式
	システムバス内配線		1.0	〃	23,700	23,700	材工	一式
	住宅用火災警報器	煙感知式 単独型	3.0	カ所	4,740	14,220	材工	箇所数
	既存空調機再利用	取り外し、再設置、調整	3.0	式	15,000	45,000	工	状態により金額変動
	既存換気扇再利用	取り外し、再設置、調整	1.0	〃	3,000	3,000	工	状態により金額変動
合計						291,210		
12.	ガス設備工事	ガスレンジ配管つなぎ込み	1.0	式	15,000	15,000	材工	一式
合計						15,000		

（2）部位別見積書

部位別に作成した見積書は、表6の通りです。

内部仕上げ工事のみ室別に集計し、共通的な工事（解体工事、仮設工事、躯体・木工事、建具工事）、および設備工事（住宅設備機器・配管工事、電気設備工事等）を工事大区分の一つにしています。積算拾い項目数は、「工種別見積書」と「室別見積書」の中間です。

リフォーム工事の間取りがある程度決まっている場合は、内装仕上げ材、建具、住宅設備機器の予算面からの選定がやり易くなります。工事実行予算書の作成の際には、内部仕上げ材を発注先別に仕分けて集約する必要がありますが、それほど手間が掛かる訳ではありませんので、リフォーム工事には適している見積り体系だと思います。

▶表6 部位別見積書

見積書表紙【部位別】

	工事区分	単位	金額	備考
1.	解体工事	一式	445,340	
2.	仮設工事	〃	367,855	
3.	防蟻工事	〃	89,400	
4.	躯体・木工事	〃	380,549	
5.	外部仕上げ工事	〃	802,432	
6.	建具工事	〃	290,336	
7.	内部仕上げ工事			
	(1) 1階ダイニング・キッチン工事	一式	238,695	
	(2) 1階リビング工事	〃	100,105	
	(3) 1階洗面室工事	〃	41,255	
	(4) 2階主寝室工事	〃	45,220	
	小計	一式	425,275	
8.	設備工事	一式	2,495,200	
■工事費合計		一式	5,296,387	
■諸経費		一式	794,458	諸経費率15%
■見積金額合計		一式	6,090,845	

第5章 ● 全面リフォーム工事の見積り事例

149

見積書内訳【部位別】

	区分	規格・仕様	数量	単位	単価	金額	材工区分	拾い基準
1.	解体工事							
	手こわし	間仕切壁、仕上材、幅木、電線ケーブル等	29.9	m²	6,600	197,340	工	床面積
	キッチン設備解体・撤去	流し台・レンジフード・吊戸棚共	1.0	式	21,000	21,000	工	一式
	キッチン配管解体・撤去	5m程度 水栓共 ガス管止も含む	1.0	〃	25,000	25,000	工	一式
	キッチン設備処分	2t車	1.0	〃	40,000	40,000	工	一式
	洗面化粧台解体・撤去	幅750mm以下 配管材料含む	1.0	台	7,000	7,000	工	台数
	洗面化粧台処分	幅750mm以下 配管材料含む	1.0	〃	3,000	3,000	工	台数
	洗濯機パン解体・撤去		1.0	〃	3,000	3,000	工	台数
	洗濯機パン処分		1.0	〃	1,000	1,000	工	台数
	システムバス解体・撤去	1216程度 給排水管共	1.0	式	50,000	50,000	工	一式
	システムバス処分		1.0	〃	65,000	65,000	工	一式
	洋風便器解体・撤去	床がクッションフロアの場合 給排水管共	2.0	〃	10,500	21,000	工	一式
	便器処分		2.0	〃	6,000	12,000	工	一式
合計						445,340		
2.	仮設工事							
	外部足場 くさび緊結式足場	ブラケット側 高10m未満 存置1カ月	252.4	m²	470	118,628	材工	架け面積
	ネット養生	メッシュシート防炎1類 存置1カ月	252.4	〃	230	58,052	材工	架け面積
	仮設電気	施主より建物設備使用承諾	─	─	─	─	─	─
	仮設水道	施主より建物設備使用承諾	─	─	─	─	─	─
	仮設トイレ	施主より建物設備使用承諾	─	─	─	─	─	─
	家具移動		0.7	人工	24,300	17,010	工	現場状況で適宜判断
	養生費	床養生 硬質樹脂ボード、養生テープ 再利用	68.3	m²	590	40,297	材工	床面積
	クリーニング	清掃・後片付け	68.3	〃	460	31,418	工	床面積
	発生材処分費		68.3	〃	1,500	102,450	工	床面積
合計						367,855		
3.	防蟻工事							
	防蟻工事	予防処理 既存住宅対象	44.7	m²	2,000	89,400	材工	1階床面積
合計						89,400		

5-4 その他の見積書の体系

区分		規格・仕様	数量	単位	単価	金額	材工区分	拾い基準
4.	躯体・木工事							
	天井下地工事	一般室 @450 格子組、石膏ボード	29.9	m²	8,230	246,077	材工	天井面積
	木製幅木	米ツガ無節 高60 mm	27.2	m	1,810	49,232	材工	延長さ
	既存建具・建具枠	取り外し、再吊り込み 0720	2.0	カ所	5,000	10,000	工	再利用
	間仕切工事	木製下地 杉 柱105 mm角 間柱105×30 mm@455 mm、石膏ボード	11.0	m²	6,840	75,240	材工	開口部面積含む
合計						380,549		
5.	外部仕上げ工事							
	屋根高圧洗浄 水洗い程度		67.5	m²	240	16,200	工	屋根葺き面積
	下地調整 既存塗膜除去	錆止めの含む	67.5	〃	520	35,100	材工	屋根葺き面積
	化粧スレート専用塗料	フッ素系 3回塗り（下塗り含む）	67.5	〃	2,910	196,425	材工	屋根葺き面積
	タスペーサー		67.5	〃	350	23,625	材工	屋根葺き面積
	外壁下地調整	高圧洗浄（水洗い程度）	154.4	〃	240	37,056	工	外壁＋軒天面積
	外壁塗装	可とう形改修塗材RE フッ素系	135.1	〃	3,390	457,989	材工	外壁面積
	軒天井塗装	アクリル樹脂非水分散形塗料 2回塗	19.3	〃	1,330	25,669	材工	軒天面積
	破風板塗装	合成樹脂調合ペイント 2回塗	14.4	m	720	10,368	材工	破風長さ
合計						802,432		
6.	建具工事							
	内窓 16513	窓タイプ 幅2000 高さ1400 複層ガラス込み	2.0	セット	39,000	78,000	材工	セット数
	内窓 16520	テラスタイプ 幅2000 高さ2000 複層ガラス込み	1.0	〃	77,000	77,000	材工	セット数
	木製建具 片引戸 0820	枠付き建具 塗装済	1.0	〃	43,900	43,900	材工	セット数
	木製建具 両引戸 1620	枠付き建具 塗装済	1.0	〃	51,200	51,200	材工	セット数
	浴室用ドア枠 0618	スプルスエリ小節 枠見込100 mm	4.2	m	9,580	40,236	材工	枠延長さ
合計						290,336		

第5章 ● 全面リフォーム工事の見積り事例

151

5-4 その他の見積書の体系

区分		規格・仕様	数量	単位	単価	金額	材工区分	拾い基準
7. 内部仕上工事								
(1) 1階DK	木製フローリング	単層無垢 厚15mm ナラ（節有）ウレタンクリア塗装	19.9	m²	5,510	109,649	材	床面積
	木製フローリング張り手間	無垢（単層）厚15mm	19.9	〃	3,140	62,486	工	床面積
	壁・天井下地処理	シーラー塗布	51.2	〃	200	10,240	材工	壁＋天井面積
	ビニルクロス 壁	一般品	31.3	〃	490	15,337	材	壁面積
	ビニルクロス 天井	一般品	19.9	〃	490	9,751	材	天井面積
	ビニルクロス 貼り手間 壁	無地系 厚手	31.3	〃	610	19,093	工	壁面積
	ビニルクロス 貼り手間 天井	無地系 厚手	19.9	〃	610	12,139	工	天井面積
合計						238,695		
(2) 1階リビング	木製フローリング	単層無垢 厚15mm ナラ（節有）ウレタンクリア塗装	7.5	m²	5,510	41,325	材	床面積
	木製フローリング張り手間	無垢（単層）厚15mm	7.5	〃	3,140	23,550	工	床面積
	壁・天井下地処理	シーラー塗布	27.1	〃	200	5,420	材工	壁＋天井面積
	ビニルクロス 壁	一般品	19.6	〃	490	9,604	材	壁面積
	ビニルクロス 天井	一般品	7.5	〃	490	3,675	材	天井面積
	ビニルクロス 貼り手間 壁	無地系 厚手	19.6	〃	610	11,956	工	壁面積
	ビニルクロス 貼り手間 天井	無地系 厚手	7.5	〃	610	4,575	工	天井面積
合計						100,105		
(3) 1階洗面室	木製フローリング	単層無垢 厚15mm ナラ（節有）ウレタンクリア塗装	2.5	m²	5,510	13,775	材	床面積
	木製フローリング張り手間	無垢（単層）厚15mm	2.5	〃	3,140	7,850	工	床面積
	壁・天井下地処理	シーラー塗布	15.1	〃	200	3,020	材工	壁＋天井面積
	ビニルクロス 壁	一般品	12.6	〃	490	6,174	材	壁面積
	ビニルクロス 天井	一般品	2.5	〃	490	1,225	材	天井面積
	ビニルクロス 貼り手間 壁	無地系 厚手	12.6	〃	610	7,686	工	壁面積
	ビニルクロス 貼り手間 天井	無地系 厚手	2.5	〃	610	1,525	工	天井面積
合計						41,255		

5-4 その他の見積書の体系

区分		規格・仕様	数量	単位	単価	金額	材工区分	拾い基準
(4) 2階主寝室	壁紙剥離	簡易剥離	32.3	m²	100	3,230	工	壁+天井面積
	壁・天井下地処理	シーラー塗布	32.3	〃	200	6,460	材工	壁+天井面積
	ビニールクロス 壁	一般品	22.4	〃	490	10,976	材	壁面積
	ビニールクロス 天井	一般品	9.9	〃	490	4,851	材	天井面積
	ビニールクロス 貼り手間 壁	無地系 厚手	22.4	〃	610	13,664	工	壁面積
	ビニールクロス 貼り手間 天井	無地系 厚手	9.9	〃	610	6,039	工	天井面積
合計						45,220		
8. 設備工事								
給排水設備工事	キッチンセット	対面型 2285 人工大理石	1.0	セット	492,000	492,000	材	セット数
	キッチンセット 据付手間		1.0	カ所	94,000	94,000	工	セット数
	洗面化粧台	幅750 陶器 シングルレバー混合水栓	1.0	セット	74,900	74,900	材	セット数
	洗面化粧台 据付手間		1.0	カ所	14,700	14,700	工	箇所数
	洗濯機パン	640×640 mm	1.0	台	6,430	6,430	材	セット数
	洗濯機パン 据付手間	トラップ共	1.0	組	8,660	8,660	工	箇所数
	タオル掛け	1段式 ステンレス製	1.0	個	2,400	2,400	材	個数
	タオル掛け 取付手間		1.0	カ所	2,200	2,200	工	箇所数
	システムバス	1216サイズ	1.0	セット	544,000	544,000	材	セット数
	システムバス 据付手間	電気工事費含む	1.0	カ所	92,600	92,600	工	箇所数
	便器	専用洗浄弁式 温水洗浄便座	2.0	セット	272,000	544,000	材	セット数
	便器 据付手間		2.0	カ所	24,000	48,000	工	箇所数
	給水配管工事（1F）	配管更新（さや管ヘッダー）	5.0	〃	17,000	85,000	材工	箇所数
	給湯配管工事（1F）	配管更新（さや管ヘッダー）	3.0	〃	20,400	61,200	材工	箇所数
	排水配管工事（1F）	配管更新	5.0	〃	13,400	67,000	材工	箇所数
	給水配管工事（2F）	配管更新（さや管ヘッダー）	1.0	〃	19,500	19,500	材工	箇所数
	排水配管工事（2F）	配管更新	1.0	〃	17,400	17,400	材工	箇所数
	浴室配管つなぎ（接続）	給水・給湯・排水	1.0	式	15,000	15,000	工	一式
小計						2,188,990		

第5章 全面リフォーム工事の見積り事例

5-4 その他の見積書の体系

区分		規格・仕様		数量	単位	単価	金額	材工区分	拾い基準
電気設備工事	電灯配線	キーソケットまでのケーブル共		7.0	カ所	3,300	23,100	材工	箇所数
	コンセント取り付け	ダブルコンセント		7.0	〃	4,390	30,730	材工	箇所数
	コンセント取り付け	アースターミナル付接地ダブルコンセント		5.0	〃	6,160	30,800	材工	箇所数
	コンセント取り付け	エアコン用埋込スイッチ付コンセント		2.0	〃	8,840	17,680	材工	箇所数
	スイッチ取り付け	片切スイッチ		4.0	〃	4,100	16,400	材工	箇所数
	LAN配管・配線			2.0	〃	12,900	25,800	材工	箇所数
	電話配管・配線			2.0	〃	9,800	19,600	材工	箇所数
	テレビ配線			2.0	〃	8,740	17,480	材工	箇所数
	キッチン配線替え	配線替え		1.0	式	23,700	23,700	材工	一式
	システムバス内配線			1.0	〃	23,700	23,700	材工	一式
	住宅用火災警報器	煙感知式　単独型		3.0	カ所	4,740	14,220	材工	箇所数
	既存空調機再利用	取り外し、再設置、調整		3.0	式	15,000	45,000	工	状態により金額変動
	既存換気扇再利用	取り外し、再設置、調整		1.0	〃	3,000	3,000	工	状態により金額変動
小計							291,210		
ガス設備工事	ガスレンジ配管つなぎ込み			1.0	式	15,000	15,000	材工	一式
小計							15,000		
合計							2,495,200		

第 6 章
長寿命化リフォーム工事の事例紹介

　本書は4章まで、定期的なメンテナンス、部分リフォーム、性能向上リフォームの工程と積算に関して解説をしてきました。これらの集大成として「長寿命化リフォーム工事」を行った事例を紹介します。2014（平成26）年度の「長期優良住宅化リフォーム推進事業」の採択事業で築40年の木造住宅の耐震改修、断熱改修を行った事例です。一般財団法人経済調査会がまとめたもので、「積算資料ポケット版リフォーム編2017」に掲載されました。

6-1　長期優良住宅化リフォーム推進事業とは

　質の高い住宅ストックの形成および子育てしやすい環境の整備を図るため、既存住宅の長寿命化や三世代同居など複数世帯の同居に資するリフォームを推進することを目的とし、次の要件を満たす事業の実施に対する費用の一部が補助される制度です（以下は、平成29年度事業における公募条件等を示しています）。

①リフォーム工事前にインスペクションを行うとともに、維持保全計画およびリフォームの履歴を作成すること。

②リフォーム工事後に次のaおよびbの性能基準を充たすこと。
　a．劣化対策および耐震性（新耐震基準適合等）の基準
　b．省エネルギー性、維持管理・更新の容易性、高齢者等対策（共同住宅）、可変性（共同住宅）のいずれかの基準（※若者による既存住宅の購入に伴って実施する場合、要件bは摘要しない）

③②a、bの性能項目のいずれかの性能向上に資するリフォーム工事または三世代同居対応工事を行うこと。

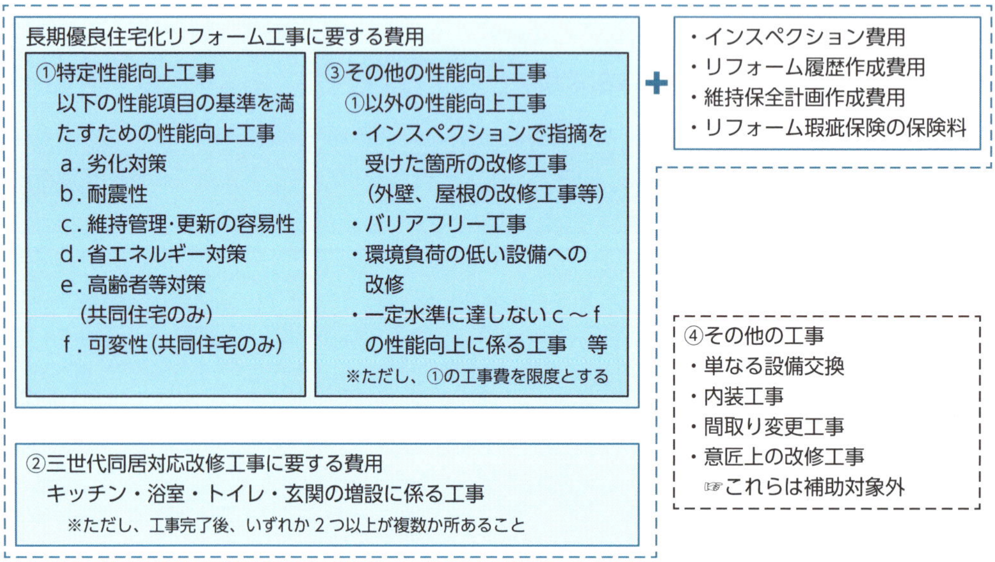

```
長期優良住宅化リフォーム工事に要する費用
┌─────────────────────────┬─────────────────────────┐
│①特定性能向上工事          │③その他の性能向上工事      │
│ 以下の性能項目の基準を満   │ ①以外の性能向上工事       │
│ たすための性能向上工事     │ ・インスペクションで指摘を │
│   a．劣化対策              │  受けた箇所の改修工事     │
│   b．耐震性                │  （外壁、屋根の改修工事等）│
│   c．維持管理・更新の容易性│ ・バリアフリー工事         │
│   d．省エネルギー対策      │ ・環境負荷の低い設備への   │
│   e．高齢者等対策          │  改修                     │
│    （共同住宅のみ）        │ ・一定水準に達しないc～f   │
│   f．可変性（共同住宅のみ）│  の性能向上に係る工事 等  │
│                            │ ※ただし、①の工事費を限度とする│
└─────────────────────────┴─────────────────────────┘
②三世代同居対応改修工事に要する費用
  キッチン・浴室・トイレ・玄関の増設に係る工事
    ※ただし、工事完了後、いずれか2つ以上が複数か所あること
```

＋
・インスペクション費用
・リフォーム履歴作成費用
・維持保全計画作成費用
・リフォーム瑕疵保険の保険料

④その他の工事
・単なる設備交換
・内装工事
・間取り変更工事
・意匠上の改修工事
　☞これらは補助対象外

▶図1　補助対象

▶表1　事業タイプと補助限度額、補助

事業タイプ	要件	補助限度額 （三世代同居対応改修 工事を実施する場合）	補助額（工事費分）
①評価基準型	劣化対策、耐震性およびその他いずれかの性能項目で評価基準に適合するもの	100万円/戸 (150万円/戸)	①単価積上方式で算出した額
②認定長期優良型	長期優良住宅（増改築）の認定を受けるもの	200万円/戸 (250万円/戸)	①単価積上方式で算出した額 ②補助率方式で算出した額 （事業者単位でいずれか選択）
③高度省エネルギー型	②のうち、一次エネルギー消費量が省エネ基準比20％削減されるもの	250万円/戸 (300万円/戸)	②補助率方式で算出した額

※共同住宅（長屋建て及び併用住宅は含みません）の共用部分については、事業タイプによらず補助率方式によること
※提案型の場合、補助額の算出方法は採択時に通知された方法によること
※単価積上方式については、特定の工事項目（＝補助工事単価表に記載されている項目）のみが補助対象
※認定長期優良住宅型の場合は、事業者単位で①又は②のいずれかの方式を選択すること（混用不可）
※三世代同居対応改修工事については、いずれの事業タイプとも50万円/戸を限度として補助（三世代同居対応改修工事の補助額は、長期優良住宅化リフォームの補助額算出方法にあわせること）
※インスペクション等に係る補助額は、所要額に補助率1/3を乗じて得た額を補助

6-2　見積り事例

　ここからは工務店が作成して施主に提出した事例を紹介します。本書の定義と異なる部分もありますが、大規模なリフォーム工事の見積り事例として役立ちます。是非、参考にして下さい。

(1) リフォームの内容

　リフォーム工事は「寒くて部屋が暗い」という施主の悩みから始まりました。建て替えの検討もしましたが、仮住まいや荷物量の問題から、今の床面積を確保するべく、リフォームすることになりました。

　打ち合わせの結果、断熱工事に加え耐震工事もすることになり、耐震性能は一般診断法1.0以上（実際値1.2）、断熱性能は平成25年省エネ基準を上回ることができました（計算Q値2.0）。予算の関係上、1階を優先的に改修することとなり、スケルトンリフォームで間取りを変更しています。2階は内装を壊さずに内窓を取り付け、壁・天井の仕上げのみ変更することで予算を調整しました。主な工事内容は次の通りです。

【解体工事】
　1階スケルトン解体、2階室内側は解体しない

【サッシ工事】
　1階サッシ取り替え（アルミサッシ単板ガラス→オール樹脂サッシLow-Eペアガラス）
　2階内窓取り付け（樹脂サッシペアガラス）

【1階断熱工事】
　壁：土壁厚50㎜→充填断熱HGW16K厚105㎜の上から防湿気密シートの施工
　床：無断熱→HGW16K厚90㎜の上から合板気密処理
　下屋天井：無断熱→吹込みGW10K厚300㎜の上から防湿気密シートの施工

【2階断熱工事】
　壁：土壁厚50㎜→土壁厚50㎜+スタイロエース厚30㎜+気流止工事
　天井：無断熱→吹込みGW10K厚300㎜

【基礎工事】
　一部基礎補強+全面防湿コンクリート打ち

【屋根工事】
　瓦→GL鋼板天然石吹付葺き替え

【外壁工事】
　トタンの外壁→既存撤去の上、通気工法による金属系サイディング張り

【鈑金工事】
　樋をすべて取り替え

【設備工事】
　換気：1階に第1種熱交換型換気設備、2階に第3種換気（給気口設置、排気はトイレ換気扇利用）
　給湯器：灯油式→太陽熱利用給湯システムへ取り替え
　キッチン：入れ替え
　浴室：タイル浴室段差有→ユニットバスへ（バリアフリー対応）
　　　　※浴室洗面工事は先行工事とし、工事中も利用
　洗面所：1階洗面化粧台入れ替え、2階洗面化粧台入れ替え
　トイレ：1階トイレ既存利用（すでにリフォーム済み）、2階トイレ入れ替え

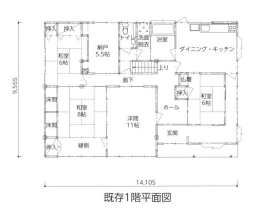
既存1階平面図

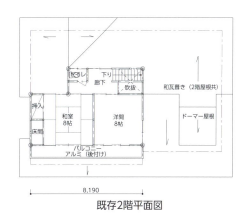
既存2階平面図

▶図2　現況図

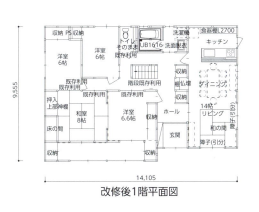
改修後1階平面図

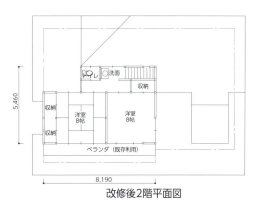
改修後2階平面図

▶図3　改修図

【冷暖房空調工事】

　既存壁掛エアコン利用（2台）

【カーテン・ブラインド工事】

　1階縁側に断熱ブラインド取り付け

【照明工事】

　1階 LEDへ取り替え

【内装工事】

　1階　床：無垢フローリング新設、水廻りクッションフロア新設

　　　　壁・天井：ビニルクロス、一部ルナファーザー新設

　2階　床：既存のまま

　　　　壁・天井：ビニルクロス貼り替え

(2) 見積書

▶表2　内訳書

番号	名称	内容	数量	単位	金額	備考
1	解体工事		1	式	2,161,012	
2	基礎工事		1	〃	1,009,242	
3	大工材木工事		1	〃	6,100,238	
4	屋根工事		1	〃	2,415,950	
5	鈑金工事		1	〃	333,300	
6	サッシ工事		1	〃	1,275,500	
7	バルコニー工事		1	〃	58,400	
8	外壁工事		1	〃	1,646,800	
9	タイル工事		1	〃	77,950	
10	塗装工事		1	〃	201,720	
11	建具工事		1	〃	1,157,400	
12	内装工事		1	〃	742,671	
13	美装工事		1	〃	536,129	
14	電気工事		1	〃	977,750	
15	給排水設備		1	〃	375,000	
16	設備工事		1	〃	1,429,800	
17	仮設工事		1	〃	342,620	
18	断熱工事		1	〃	1,049,941	
19	現場管理・諸経費		1	〃	600,000	
20	冷暖房空調工事		1	〃	72,400	
21	カーテン・ブラインド工事		1	〃	160,000	
22	太陽熱給湯システム		1	〃	980,000	
合計					23,703,823	
消費税（8％）					1,896,306	
総計					25,600,129	

▶表3　内訳明細書

番号	名称	内容	数量	単位	金額	備考
1	解体工事					
	既存和瓦撤去	処分共	180.0	m²	3,000	540,000
	既存鉄板屋根撤去	処分共	4.5	〃	2,300	10,350
	雨樋撤去	処分共	85.0	m	580	49,300
	1F サッシ解体	2F そのまま　処分共	14	カ所	7,800	109,200
	2F サッシ解体	なし				
	室内解体	1F のみ　土壁共　処分共	129.39	m²	5,800	750,462
	外壁解体	処分共	160.0	〃	2,600	416,000
	和室畳処分	2F は残す　処分共	20	枚	2,600	52,000
	設備撤去	キッチン・便器等　処分共	1	式		77,900
	その他部分解体	処分共	1	〃		155,800
	小計					2,161,012
2	基礎工事					
	耐震基礎	防湿コンクリート、補強基礎	129.39	m²	7,800	1,009,242
	小計					1,009,242
3	大工材木工事					
	材木費	補強梁共・階段既存利用　床：ヒノキ節	39.06	坪	63,300	2,472,498
	堀炬燵	パナソニック　3×4尺　ベーシック断熱	1	セット	175,200	175,200
	上記取付工事費		1	式		25,900
	大工造作	1F	39.06	坪	64,900	2,534,994
	大工造作	2F 収納造作含む	11.99	〃	46,600	558,734
	軒天井	一部改修	1	式		77,900
	耐震金物取付	ホールダウン金物等	1	〃		51,900
	金物費		39.06	坪	5,200	203,112
	小計					6,100,238
4	屋根工事					
	【屋根下地改修工事】					
	野地ベニヤ		120	枚	1,500	180,000
	赤松		100	本	520	52,000
	破風板　杉		25	〃	1,750	43,750
	補足材		1	式		26,000
	ベニヤ張り手間		220.0	m²	1,500	330,000
	軒先等改修手間	既存をいかす	1	式		53,300
	下屋改修手間	LD 部分梁取付共	1	〃		259,700
	【屋根部分】					
	クラシックタイル	GL 天然石吹付	220.0	m²	5,800	1,276,000
	雪止め	なし				
	換気棟	ニューテッペン	8	本	7,900	63,200

番号	名称	内容	数量	単位	金額	備考
	下葺き材	ルーフィング 23K	220	本	600	132,000
		小計				2,415,950
5	鈑金工事					
	雨樋	軒半丸	50.0	m	1,400	70,000
	雨樋	タテ丸	60.0	〃	1,400	84,000
	集水器		11	カ所	1,950	21,450
	エルボ		35	〃	650	22,750
	基礎水切り		48.0	m	650	31,200
	雑板金	アルミサッシ廻り	1	式		103,900
		小計				333,300
6	サッシ工事					
	【玄関ドア】					
	断熱玄関ドア	YKK ジュオン D3 仕様	1	セット	276,900	276,900
	【1F 樹脂サッシ】YKK シャッターなし 白-白					
	広縁	25620	2	セット	98,700	197,400
	下枠アングル	256	2	〃	1,200	2,400
	洋室	16511	2	〃	36,900	73,800
	トイレ、浴室、洗面	06907	3	〃	27,500	82,500
	キッチン	06920	1	〃	43,500	43,500
	下枠	069	1	〃	500	500
	ダイニング	06909	2	〃	30,000	60,000
	リビング	16509	1	〃	55,100	55,100
	下枠アングル	165	1	〃	900	900
	リビング	16520	1	〃	55,100	55,100
	下枠	165	1	〃	900	900
	【2F 二重サッシ】YKK プラマードU					
	トイレ	1260×301	1	セット	20,900	20,900
	洗面所	1701×301	1	〃	23,400	23,400
	階段	401×901	1	〃	19,600	19,600
	洋室	1701×701	1	〃	27,100	27,100
	洋室	2601×1101	1	〃	49,500	49,500
	洋室	3501×1101	1	〃	55,700	55,700
	洋室	1701×301	1	〃	23,400	23,400
	取付工事費		1	式		45,400
	【1F 網戸】YKK					
	広縁	25620	2	セット	7,500	15,000
	洋室	16511	2	〃	4,600	9,200
	トイレ、浴室、洗面	06907	3	〃	4,100	12,300
	キッチン	06920	1	〃	14,200	14,200
	ダイニング	06909	2	〃	4,300	8,600

番号	名称	内容	数量	単位	金額	備考
	リビング	16509	1	セット	4,200	4,200
	リビング	16520	1	〃	6,400	6,400
	【2F窓手すり】Tタイプ					
	手すりI型	H500	1	セット	26,400	26,400
	手すりI型	H500	1	〃	26,400	26,400
	加工費		1	式		19,400
	取付費		1	〃		19,400
	小計					1,275,500
7	バルコニー工事					
	アルミバルコニー取り外し	敷地内処分	1	式		58,400
	小計					58,400
8	外壁工事					
	外壁ガルスパン		180.0	m²	5,500	990,000
	外部コーナー役物		25.0	m	2,000	50,000
	コーキング		1	式		103,900
	サッシ見切り	ガルバリウム上下	80.0	m	650	52,000
	軒天見切り	ガルバリウム	75.0	〃	650	48,750
	残材処分費		1	式		18,750
	防湿シート施工手間		180.0	m²	200	36,000
	防湿シート	50 m	4	本	4,900	19,600
	外壁構造用合板	ラーチ 3030×910×9	90	枚	2,200	198,000
	同上施工手間		1	式		129,800
	小計					1,646,800
9	タイル工事					
	玄関タイル		3.1	m²	12,900	39,990
	玄関幅木タイル		5.8	m	3,200	18,560
	タイル下地		1	式		19,400
	小計					77,950
10	塗装工事					
	内部等塗装	キヌカ材のみDIY	1	式		32,400
	軒天塗装	一般部	83.0	m	1,150	95,450
	破風塗装		83.0	〃	890	73,870
	小計					201,720
11	建具工事					
	【1、2F建具】					
	WD1	シナーシナ ガラス戸	1	セット	77,900	77,900
	WD2	シナーシナ ガラス有	1	〃	51,900	51,900
	WD3	シナーシナ	1	〃	38,900	38,900
	WD4	シナーシナ	3	本	33,700	101,100
	WD5 戸襖引戸	クロス/襖 6.0'×3.0'	2	〃	18,800	37,600

6-2 見積り事例

番号	名称	内容	数量	単位	金額	備考
	WD6 戸襖ドア	クロス/襖 6.0'×3.0'	2	本	18,800	37,600
	WD7	既存利用				
	WD8	シナーシナ	1	セット	38,900	38,900
	WD9	既存利用				
	WD10	シナーシナ	2	セット	18,100	36,200
	WD11	既存利用				
	WD12	既存利用				
	WD13	シナーシナ ガラス有	1	セット	38,900	38,900
	WD14	シナーシナ	2	〃	19,400	38,800
	WD15	シナーシナ	2	〃	19,400	38,800
	WD16	シナーシナ	2	〃	20,700	41,400
	WD17	シナーシナ	2	〃	20,700	41,400
	障子 S1	障子紙	2	〃	12,900	25,800
	障子 S2	障子紙	2	〃	19,400	38,800
	WD18	シナーシナ	2	枚	28,500	57,000
	WD19	襖張替え 下	2	〃	4,500	9,000
	WD19	襖張替え 天袋	2	〃	2,600	5,200
	WD20	シナーシナ	2	〃	28,500	57,000
	WD21	シナーシナ	2	〃	28,500	57,000
	WD22	シナーシナ	2	〃	28,500	57,000
	WD23	シナーシナ 鍵付 明かり取り	1	〃	36,300	36,300
	【1F 下駄箱】					
	シナランバー	2400×910×21	4	枚	7,900	31,600
	シナランバー	1820×910×21	4	〃	5,200	20,800
	シナベニヤ	1820×910×4	3	〃	1,700	5,100
	補足材	レール等	1	式		6,500
	扉 開き	7.0'×1.5'	2	枚	19,400	38,800
	扉 開き	7.0'×3.0'	1	〃	27,200	27,200
	造作手間		1	式		64,900
	小計					1,157,400
12	内装工事					
	【1F】					
	LDK 天井	サンゲツ SP	32.0	m²	1,220	39,040
	LDK 壁	サンゲツ SP	54.0	〃	1,220	65,880
	洋室西 天井	サンゲツ SP	9.9	〃	1,220	12,078
	洋室西 壁	サンゲツ SP	25.0	〃	1,220	30,500
	洋室北 天井	サンゲツ SP	9.9	〃	1,220	12,078
	洋室北 壁	サンゲツ SP	26.0	〃	1,220	31,720
	便所 床	既存のまま				
	便所 天井	既存のまま				

番号	名称	内容	数量	単位	金額	備考
	便所　壁	既存のまま				
	洗面所　床	サンゲツ CF	3.3	m²	3,200	10,560
	洗面所　天井	サンゲツ SP	3.3	〃	1,220	4,026
	洗面所　壁	サンゲツ SP	14.6	〃	1,220	17,812
	ホール　天井	サンゲツ SP	20.5	〃	1,220	25,010
	ホール　壁	サンゲツ SP	61.82	〃	1,220	75,420
	洋室南　天井	サンゲツ SP	11.06	〃	1,220	13,493
	洋室南　壁	サンゲツ SP	16.86	〃	1,220	20,569
	和室8帖　天井	ラミ天				
	和室8帖　壁	左官	1	式		58,400
	縁側　天井	サンゲツ SP	8.6	m²	1,220	10,492
	縁側　壁	サンゲツ SP	17.5	〃	1,220	21,350
	和室8帖　畳	一般縁畳	8	枚	10,300	82,400
	リビング4.5帖　畳	一般縁畳	5	〃	10,300	51,500
	【2F】					
	廊下・階段　天井	サンゲツ SP	7.0	m²	1,220	8,540
	廊下・階段　壁	サンゲツ SP	35.0	〃	1,220	42,700
	洋室8帖（東）天井	サンゲツ SP	13.2	〃	1,220	16,104
	洋室8帖（東）壁	サンゲツ SP	26.0	〃	1,220	31,720
	洋室8帖（西）天井	サンゲツ SP	13.2	〃	1,220	16,104
	洋室8帖（西）壁	サンゲツ SP	23.0	〃	1,220	28,060
	便所　天井	サンゲツ SP	1.25	〃	1,220	1,525
	便所　壁	サンゲツ SP	9.5	〃	1,220	11,590
	便所　床	サンゲツ CF	1.25	〃	3,200	4,000
	小計					742,671
13	美装工事					
	クリーニング		51.05	坪	1,550	79,127
	発生材処分費		39.06	〃	6,500	253,890
	内外部養生費		39.06	〃	5,200	203,112
	小計					536,129
14	電気工事					
	内部配線工事	予算として	1	式		454,500
	インターホン	音のみ	1	セット	2,600	2,600
	照明器具		1	式		150,000
	火災報知器　煙・熱	既存取り付けのみ				
	TVアンテナ設置	デジタル　ブースター共、既存撤去	1	式		77,900
	【2F 常時換気システム】パナソニック					
	便所換気扇	FY-08PPR7D	1	セット	10,100	10,100
	自然給気口	FY-GKF45L-W	2	〃	3,100	6,200
	深型パイプフード　φ100	FY-MFX043	7	〃	3,750	26,250

番号	名称	内容	数量	単位	金額	備考
	深型パイプフード φ150	FY-MFX063	2	セット	4,750	9,500
	【1F 常時換気システム】パナソニック					
	熱交ユニット	FY-12VBD1A	1	セット	90,900	90,900
	グリル	FY-GMP022-W	6	個	2,300	13,800
	ダクト継手類		1	式		77,900
	深型フード	FY-MFA043	2	個	3,100	6,200
	設置工事費	ダクト配管共	1	式		51,900
	小計					977,750
15	給排水設備					
	内部配管工事	外部既存利用	1	式		375,000
	小計					375,000
16	設備工事					
	【台所】					
	システムキッチン	クリナップ ラクエラ	1	セット	484,500	484,500
	搬入施工費		1	式		82,800
	ダイニング食器棚既存利用	W1800 H850 D450				
	【浴室】					
	UB	TOTO サザナ	1	セット	450,000	450,000
	搬入施工費		1	式		105,000
	既存太陽熱給湯利用	水栓配管工事	1	〃		51,900
	【1F 洗面所】					
	洗面化粧台	TOTO サクア	1	セット	63,838	63,838
	ミラーキャビネット	TOTO サクア	1	〃	21,712	21,712
	タオルリング	LIXIL KF-91	1	〃	1,220	1,220
	洗濯用水栓	LIXIL LF-HN50KQ	1	〃	4,440	4,440
	洗濯排水金物	ミヤコ MB44CWM	1	〃	1,800	1,800
	同上取付費	アングルバルブ共	1	式		18,750
	【2F 洗面所】					
	洗面化粧台	LIXIL FTVN-754	1	セット	30,900	30,900
	取付工事費	アングルバルブ止水栓共	1	〃	15,700	15,700
	【1F 便所】					
	既存利用					
	【2F 便所】					
	便器	LIXIL GBC-Z10SU	1	セット	21,000	21,000
	手洗付タンク	LIXIL GDT-Z180U	1	〃	24,000	24,000
	シャワートイレ	パナソニック CH815	1	〃	36,570	36,570
	紙巻器	LIXIL CF-22H	1	〃	1,470	1,470
	タオルリング	LIXIL KF-91	1	〃	1,100	1,100
	取付工事費		1	式		13,100
	小計					1,429,800

番号	名称	内容	数量	単位	金額	備考
17	仮設工事					
	仮設足場架払い	養生ネット含む	298.0	m²	940	280,120
	仮設トイレ	屋外トイレ施主支給				
	仮設電気	施主支給				
	仮設水道	施主支給				
	仮設電気配線	納屋仮設工事共	1	式		62,500
	小計					342,620
18	断熱工事					
	床下断熱工事	HGW16K 厚 90	39.0	坪	2,800	109,200
	床下透湿シート工事	材工	129.39	m²	650	84,103
	気流止め工事	2F 材工	1	式		62,500
	天井防湿気密工事	防湿気密シート 0.2	129.39	m²	1,900	245,841
	天井 GW 吹込み工事	GW10K 厚 300	129.39	〃	2,300	297,597
	壁断熱工事	HGW16 厚 105	36.0	坪	3,200	115,200
	断熱気密雑工事		1	式		38,000
	気密点検口	490 □	2	台	15,500	31,000
	スタイロエース	3×6×厚 30 ㎜	35	枚	1,900	66,500
	小計					1,049,941
19	現場管理・諸経費					
	現場管理・諸経費	補助金申請費 100,000 円含む	1	式		600,000
	小計					600,000
20	冷暖房空調工事					
	リビング取り外し、取り付け	既存利用 シャープ AY-W40SX 200V スリーブ共	1	式		31,000
	和室取り外し、取り付け	既存利用 東芝 RAS-406GDR スリーブ共	1	〃		31,000
	2F スリーブ・電源のみ設置		2	カ所	5,200	10,400
	※ガス注入別途					
	小計					72,400
21	カーテン・ブラインド工事					
	縁側南側	ハニカムサーモ	4	セット	38,700	154,800
	取付工事費		4	個	1,300	5,200
	小計					160,000
22	太陽熱給湯システム					
	太陽熱給湯システム	VF-6200-BL 材工 基礎共	1	式		980,000
	小計					980,000
合計						23,703,823
消費税	8%					1,896,306
総計						25,600,129

資料提供：株式会社夢・建築工房

資料提供

ページ	図表写真番号	図表写真名	提供者・出典
9	図2	住宅リフォームの市場規模	(公財)住宅リフォーム・紛争処理支援センター
40	図1	取り壊された住宅の平均築後年数の国際比較	国土交通省
44	写真1	床下大引の蟻害	(公社)日本しろあり対策協会
44	写真2	ヤマトシロアリ、イエシロアリ	(公社)日本しろあり対策協会
45	写真3	ハチクサン	バイエルクロップサイエンス(株)
46	写真4	ホウ酸系防蟻剤	(株)エコパウダー
47	写真5	床下に潜って土台・大引きにドリルで穿孔し防蟻剤を注入	(公社)日本しろあり対策協会
47	写真6	散布も行う	(公社)日本しろあり対策協会
47	写真7	木製玄関ドアの枠とポーチタイルにドリルで穿孔	(公社)日本しろあり対策協会
47	写真8	穿孔部分に防蟻剤を注入	(公社)日本しろあり対策協会
47	写真9	浴室の壁タイルへの穿孔と防蟻剤の注入	(公社)日本しろあり対策協会
49	図6	外部足場のチェックポイント	(一社)住宅リフォーム推進協議会「足場のチェックポイント」
52	図9	タスペーサー	(株)セイム
53	写真12	施工前の状態。化粧スレート版の表面のつやがなくなっている	(株)エバー
53	写真14	下塗り(シーラー塗り)	(株)エバー
53	写真15	上塗り	(株)エバー
53	写真16	鈑金塗装	(株)エバー
57	写真17	モルタルの高圧洗浄	(株)エバー
57	写真18	モルタルの下塗り(シーラー塗り)	(株)エバー
57	写真19	モルタル塗り	(株)エバー
57	写真20	サイディング部分のシーリング交換	(株)エバー
57	写真21	破風、化粧鼻隠しの再塗装	(株)エバー
57	写真23	樋の再塗装	(株)エバー
61	図14	FRP再防水の納まり図	FRP防水材工業会
61	図15	ウレタン系再防水工法、パティオール	(株)田島ルーフィング
75	写真2	上吊り引き戸	(株)LIXIL
77	写真3	アイランド型キッチン	(株)TOTO
85	図5	ルーフィングの敷設	(独)住宅金融支援機構「【フラット35対応】木造住宅工事仕様書」
88	図7	開口部廻りの防水	(独)住宅金融支援機構「【フラット35対応】木造住宅工事仕様書」
93	図1	住宅の部位別熱損失	経済産業省、資源エネルギー庁
94	図2	窓の断熱改修の種類	(一社)木を活かす建築推進協議会「平成28年度 住宅省エネルギー技術講習 基本テキスト」

ページ	図表写真番号	図表写真名	提供者・出典
95	写真1	インナーサッシの例、インプラス	(株) LIXIL
95	図3	真空ガラス（スペーシア）構造図	(株) 日本板硝子
98	写真3	カバー工法の例、リフレムⅡ	(株) LIXIL
99	図5	断熱材の充填箇所	(独) 住宅金融支援機構「【フラット35対応】木造住宅工事仕様書」
100	表7	記号別断熱材の種類と規格	(独) 住宅金融支援機構「【フラット35対応】木造住宅工事仕様書」
101	表8	住宅金融支援機構仕様の断熱材の種別	(独) 住宅金融支援機構「【フラット35対応】木造住宅工事仕様書」
101	写真4	フェルト状断熱材（グラスウール）、アクリアネクスト	旭ファイバーグラス (株)
101	写真5	ボード系断熱材、カネライトフォームFX	カネカケンテック (株)
102	写真6	吹込み系断熱材、デコスファイバー	(株) デコス
102	写真7	現場発泡吹付断熱材、アクアフォーム	(株) 日本アクア
108	図9、右	手すりの設置例（手すり受け材設置の例）	(独) 住宅金融支援機構「【フラット35対応】木造住宅工事仕様書」
111	図12	建防協の方法を使ったPCソフトの例	(株) インテグラル
112	写真9	金物補強と基礎補強の施工事例	(株) 神永工務店
114	表19	耐震改修工事の費用	(一財) 日本建築防災協会「木造住宅における耐震改修費用の実態調査業務」
114	図16	上部構造補強金額目安（例）	(一財) 日本建築防災協会「木造住宅における耐震改修費用の実態調査業務」
159	図2	現況図	(株) 夢・建築工房
159	図3	改修図	(株) 夢・建築工房
160	表2	内訳書	(株) 夢・建築工房
161	表3	内訳明細書	(株) 夢・建築工房

おわりに

　リフォーム工事の見積りは、臨機応変な対応が求められます。既存住宅の状態は、建物ごとに異なります。その都度、その違いを勘案して見積りする必要があります。例えば、間取りの変更を伴うリフォーム工事の場合、設計図を見ながら「どのようにして工事を行うか」が想定できなければ見積れません。耐震補強工事の見積りでも、耐震補強工事のやり方が理解出来ていなければなりません。省エネやバリアフリーの知識も必要です。躯体の腐朽状態も見積りに影響します。施主が在宅したまま行うリフォーム工事と、一時転居する工事では工事に掛かる手間が違ってきます。例を挙げればきりがありません。

　それでは、どのように見積りをすれば良いのでしょうか。解答は、原点回帰すること、すなわち原価3要素に立ち戻って考えることです。「原価3要素」とは、本書の中でも解説した通り、「労務費」「材料費」「経費」のことです。何をどのように組み立て、どのような職人がどれくらいの手間を掛けて造り上げて行くのかを想起して見積りを行うということです。想起するためには、過去の経験による裏付けが必要です。

　以上のように考えると、リフォーム工事の見積りのハードルが高く感じると思います。しかしながら、このハードルは短期間で克服出来ます。特に初心者は、現場を良く知ることです。知ろうとする姿勢こそが重要です。自分が想定した通り現場が動いているのかいないのか。想定した通りなら心が躍りますし、動いていなかったとしても相違点が解っただけで大成功です。次に活かせば良いのです。例えば、木製フローリングの張り替えのやり方・工程が解らなかったら、現場に行って大工さんに教えてもらうことです。屋根鈑金の納まりが良く解らなかったら、現場で確認をすることです。題材は山ほどあります。こうした行動が、自分自身の糧になり、短期間での成長につながります。リフォーム工事の見積りは、決して頭でっかちにならないことです。机上で考えるよりも、現場を見る方が早道です。

　本書では、リフォーム工事の見積りを通じ、皆様方がしっかりした技術知識と実践能力を培養されることを願っています。その一助となって欲しいと考えています。

　末筆に当り、資料・写真の提供をいただいた、エバー株式会社代表取締役 江原正也様、株式会社夢・建築工房代表取締役 岸野浩太様、工事会社様、住宅資材・設備メーカー様

にお礼を申し上げます。また、この様な著書を作成する機会をいただき、編集に絶大なご尽力をいただいた、一般財団法人経済調査会の皆様に深謝いたします。

平成30年2月

永元　博

著者紹介

永元 博
株式会社住宅価値創造研究所　代表取締役
- 1951年　東京都生まれ
- 1977年　武蔵工業大学大学院建築学専攻修了（工学修士）
- 同年　　三井ホーム株式会社入社
　　　　　原価管理課長、技術企画部長、三井ホームコンポーネント株式会社 取締役総合企画室長、
　　　　　三井ホームリモデリング株式会社 取締役技術推進部長を歴任
- 2011年　株式会社住宅価値創造研究所を設立
- 2013年　一般社団法人マンションリフォーム推進協議会　技術委員会委員
- 2015年　一般社団法人日本ツーバイフォー建築協会　ストック活用委員会委員長
- 2016年　一般財団法人経済調査会より「木造住宅の見積りとコストダウン」を出版

保有資格　一級建築士、1級建築施工管理技士、東京都木造住宅耐震診断技術者、
　　　　　マンションリフォームマネジャー、福祉住環境コーディネーター（2級）等

技術知識と工程から導き出す
住宅リフォーム見積り作成の手引き

2018年 2 月10日　初版発行
2019年 9 月 1 日　第 2 刷発行
2022年10月20日　第 3 刷発行

著者　　　　永元　博
発行　一般財団法人　経済調査会
〒105-0004　東京都港区新橋 6-17-15
　　　　電話　（03）5777-8221（編集）
　　　　　　　（03）5777-8222（販売）
　　　　FAX　（03）5777-8237（販売）
印刷・製本　三美印刷株式会社

Ⓒ永元　博　2018　　　　　　　ISBN978-4-86374-240-6
乱丁・落丁本はお取り替えいたします。